应用型本科高校
质量文化建设实践
——以安康学院为例

刘 铁 著

西南交通大学出版社
·成 都·

内容提要

本书主要基于全面质量管理、OBE 理念以及质量文化建设路径理论，针对应用型高校质量文化建设的当务之急，借鉴国内外质量文化研究成果，探讨质量文化建设的相关理论，立足质量文化建设实践过程中一些创造性工作经验，重点阐述了以内部质量保障、专业认证、审核评估三个抓手推进质量文化建设的做法，是一本兼有理论阐发和实践探索意义的学术著作。

本书可作为本科高等学校质量管理人员从事教育教学质量管理改革实践的参考用书，也可作为高校质量管理人员和教师从事质量管理与质量建设研究的参考书。

图书在版编目（CIP）数据

应用型本科高校质量文化建设实践 : 以安康学院为例 / 刘铁著. -- 成都 : 西南交通大学出版社, 2025. 4. -- ISBN 978-7-5774-0386-1

Ⅰ. G649.21

中国国家版本馆 CIP 数据核字第 2025XY2092 号

Yingyongxing Benke Gaoxiao Zhiliang Wenhua Jianshe Shijian——Yi Ankang Xueyuan Weili

应用型本科高校质量文化建设实践——以安康学院为例

刘 铁 著

策划编辑	陈 斌
责任编辑	秦 薇
责任校对	左凌涛
封面设计	墨创文化
出版发行	西南交通大学出版社
	（四川省成都市金牛区二环路北一段 111 号
	西南交通大学创新大厦 21 楼）
营销部电话	028-87600564　028-87600533
邮政编码	610031
网　　址	https://www.xnjdcbs.com
印　　刷	成都市新都华兴印务有限公司
成品尺寸	170 mm × 230 mm
印　　张	15
字　　数	223 千
版　　次	2025 年 4 月第 1 版
印　　次	2025 年 4 月第 1 次
书　　号	ISBN 978-7-5774-0386-1
定　　价	78.00 元

图书如有印装质量问题　本社负责退换
版权所有　盗版必究　举报电话：028-87600562

前 言
PREFACE

新时代高校推进质量文化建设已成当务之急。我国高等教育已从大众化阶段迈入普及化阶段，也进入高质量发展新阶段。教育质量尤其是应用型高校教育质量受到更多质疑。但随着高校扩招，高校教育质量被普遍关注。一些应用型高校面临巨大的竞争压力，甚至出现生存压力，所以高校开始从更多地关注量的扩充，转变到人才培养质的提升上来。质量文化是能够持久提升教育质量的力量，质量文化建设越来越受到高校重视。2018年以来，中华人民共和国教育部（以下简称教育部）发布一系列文件，明确提出要将建设质量文化内化为全体师生的共同价值追求和自觉行为，形成以提高人才培养水平为核心的质量文化。新一轮审核评估首次将"质量文化"作为评估指标，旨在通过政策引领，深入推进高校质量文化建设，整体提升我国高等教育人才培养的质量和水平。

质量文化是高校组织文化的一部分，是围绕人才培养质量提升而形成的理念、信念、价值及由此衍生和发展起来的制度、行为、习惯和物化载体的有机整体。是源自对质量的共同价值追求，且能够传承与发展的深层次动力。

质量文化建设是应用型本科院校高质量发展的应然之举。我国自1998年以来新组建了一大批应用型本科院校，大都缺少区位优势，建校时间短，缺少文化积淀，在生源、经费、人才竞争中处于不利地位。在愈演愈烈的激烈竞争中，应用型本科高校要想仍然占有一席之地，必须把建设教育教学质量文化作为学校工作的重中之重。

质量文化建设有助于确立明确的质量标准和规范，引导全体师生员工关注教育教学质量，不断改进和优化教学过程，从而整体提升高校的教育质量和人才培养水平。

在高等教育竞争日益激烈的背景下，具有优秀质量文化的应用型高校能够更好地吸引优质生源、优秀师资和社会资源，提升学校在教育领域的声誉和地位，增强其综合竞争力。

质量文化强调与行业、企业的紧密对接，有利于推动学校与企业在人才培养、科学研究等方面的深度合作，使高校培养的人才更符合市场需求，提高学生的就业质量和职业发展能力。

独特而积极的质量文化能够塑造学校的特色品牌形象，使其在众多高校中脱颖而出，吸引更多的关注和支持，为学校的长远发展创造有利条件。

良好的质量文化能够营造追求卓越、勇于创新的氛围，激发师生员工的工作和学习热情，充分发挥他们的主观能动性，为学校的发展贡献更多的智慧和力量。

质量文化建设是一个长期的、持续的过程，它能够促进学校不断反思和改进自身的发展策略和管理模式，实现学校的可持续发展，适应社会和经济发展的不断变化。

质量文化是大学精神的重要组成部分，通过建设质量文化，传承和弘扬严谨治学、追求真理、服务社会等大学精神，培养具有社会责任感和使命感的高素质人才。

总之，应用型高校质量文化建设对于提高教育质量、增强竞争力、塑造品牌形象以及推动学校的可持续发展都具有不可忽视的重要意义。

本书向广大读者呈现的内容是应用型高校质量文化建设思路与路径，在梳理国内外质量文化相关研究成果的基础上，以全面质量管理理论、OBE理念、质量文化建设路径理论等作为理论基础，探索质量文化建设的有效手段。从安康学院在质量文化建设实践过程中的一些创造性工作出发，梳理了进行质量文化建设的一般性做法：强化内部质量保障推动质量文化建设，以专业认证为抓手推进质量文化建设，以审核评估为契机推进质量文化建设。

本书是笔者在陕西师范大学攻读博士期间形成的学术成果，也是笔者多年教育教学质量管理实践的系统总结与反思，感谢导师姚若侠教授的悉心指导。本书在撰写过程中，安康学院教育教学管理和教学一线的骨干教师也提出了宝贵意见，在此向他们表示衷心感谢。另外，本书借鉴和参考了一些学者的相关理论与著作，也向他们表示深深的谢意。

本书出版得到陕西本科教育教学改革研究重点攻关项目"应用型本科高校教师教学能力评价体系研究"（项目编号：23BG046）资助。

本书是作者多年教育教学以及质量管理工作的理论探索与实践总结。由于作者水平有限，书中难免存在疏漏与不足，敬请读者批评指正。

刘 铁

2024 年 12 月

目录
CONTENTS

第一章　应用型本科高校质量文化建设背景 ……………… 001
  第一节　核心概念界定 ……………………………… 001
  第二节　质量文化建设的意义 ……………………… 003
  第三节　质量文化研究综述 ………………………… 008

第二章　质量文化的理论基础 ……………………………… 015
  第一节　全面质量管理 ……………………………… 015
  第二节　OBE 教育理念 ……………………………… 018
  第三节　高校质量文化研究的理论基础 …………… 020
  第四节　高校质量文化建设的路径论 ……………… 023

第三章　以内部保障为根基推动质量文化建设 …………… 029
  第一节　指向质量文化的内部质量保障体系设计 … 030
  第二节　面向质量文化的质量标准 ………………… 049
  第三节　专业评估 …………………………………… 067
  第四节　课程评估 …………………………………… 081
  第五节　院系教学评估 ……………………………… 096

第四章　以专业认证为抓手推动质量文化建设 …………… 117
  第一节　认证工作与质量文化建设 ………………… 117
  第二节　培养目标评价机制 ………………………… 119
  第三节　毕业要求评价机制 ………………………… 125
  第四节　课程目标达成评价机制 …………………… 153

第五章　以审核评估为契机推动质量文化建设 …………… 177
　　第一节　审核评估自评工作 ……………………………… 177
　　第二节　审核评估工作方案 ……………………………… 180
　　第三节　审核评估重点、特色建设项目 ………………… 193
　　第四节　审核评估考核 …………………………………… 196
　　第五节　审核评估成效 …………………………………… 209

参考文献 …………………………………………………………… 227

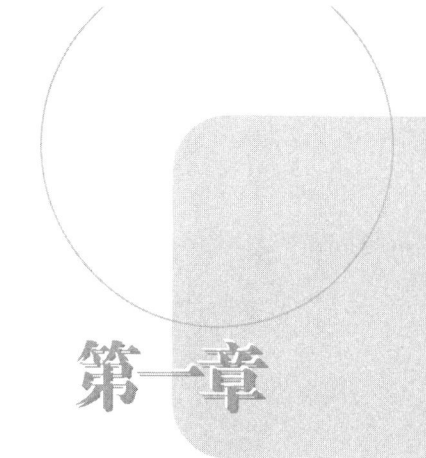

第一章

应用型本科高校质量文化建设背景

步入新时代，我国高等教育已正式迈入普及化阶段，在此背景下教育需要高质量发展。过去的科层制质量管理是远远不够的，需要配合自下而上的质量文化，共同促进质量提升，实现高质量发展。质量文化是源自对质量的共同价值追求且能够传承与发展的更深层次、更加持久的动力。

应用型本科高校虽经历短期繁荣，但因平台优势缺失、文化积淀不足、发展方向不明、建设难度大等先天不足，在竞争中处于弱势。这些问题致使其难以满足区域经济社会发展对人才的多样化需求，阻碍了学校的高质量发展。抓好质量文化建设，提升应用型人才培养质量，是破局的关键。

要建设质量文化，首先需要厘清什么是质量文化，为什么要建设质量文化，怎样建设质量文化。

第一节 核心概念界定

一、应用型高校

应用型高校是当今我国各类高等院校最主要的构成，是促进我国普通本科高等教育从精英化发展到大众化、普及化的主力军。其办学定位聚焦应用，目标是培养掌握应用型技术的高素质人才，主要任务是为社会输送实操能力强的技术型专业人才。广义的应用型高校通过设立应用型学科培养人才；狭义的应用型高校则以服务地方经济社会发展为导向，精准对接学生就业需求[1]。以上海工程技术大学为例，该校以服务上海经济圈发展为使命，紧密跟踪产业动态，开展工程教育实践，为区域发展培养了大量实用型工程技术人才[2]。

应用型本科教育区别于研究型本科教育和高职教育。与研究型本科教育相比，它更注重知识和技能的实际应用；与高职教育相比，它更强调基础教育的夯实。

二、质量文化

在高等教育领域，质量既是价值判断的概念，也是具有相对客观标准的"技术"指标。追求质量保障和标准的最终目标，是形成具有"生态"性质的质量文化，这是高等教育系统和机构不可或缺的文化[3]。

文化具有多样性。有学者将其定义为与质量相关的习惯、信念及行为模式，是思维的底层支撑[4]；也有学者将物质形态的文化纳入其中，认为质量文化是高等教育领域内质量理念、价值观、形象、制度规范、行为方式及其物化形态的总和[5]。欧洲大学协会（EUA，European University Association）对质量文化给出了经典定义：质量文化是以持续提升质量为目标的组织文化，基于共同的价值观、理念和对质量的坚定承诺等心理层面要素，以及明确的工作流程、任务分配、标准设定等结构与管理要素[6]。

理想的质量文化结构中，质量管理、制度等硬性要素与价值观、理念

---

[1] 孙萍. 新建应用型本科院校内涵式发展研究[J]. 中国成人教育，2015（22）：16-18.
[2] 池芳. 应用型地方本科高校教育质量文化及其建设探索[J]. 武汉轻工大学学报，2021，40（4）：111-116.
[3] 邬大光. 高等教育：质量、质量保障与质量文化[J]. 中国高教研究，2022（9）：1-7.
[4] 王建华. 高等教育质量管理：文化的视角[J]. 教育研究，2010（2）：57-62.
[5] 何茂勋. 高校质量文化论纲[J]. 高教论坛，2004（3）：140-145.
[6] European University Association.Quality culture in european universities：a bottom-up approach.Report on the Three Rounds of the Quality Culture Project. Brussels：European University Association. 2002-2006.

等软性要素有机统一，强调基于信任、理解、沟通和共同参与的工作机制。质量文化建设重视个体心理因素，激发个体的主观能动性和创造性，形成全员参与、自下而上的积极文化，通过共同的价值观和理念影响质量决策。

大学是探索和传播人类文化的组织[①]，质量文化是其组织文化的重要组成部分。关于组织文化，沙因认为是组织成员共享的应对外部适应和内部整合问题形成的文化；吉尔特·霍夫斯塔德将其视为引导行为的心理编码；约翰尼斯认为其与语言规则相似；加雷思·摩根认为是社会群体思想和价值观的体现[②]。

组织文化的本质属性包括共同的价值观、信念等，通过实践活动展现。与工商业领域相比，高等教育质量文化更注重个人发展、过程和创新[③]。

第二节 质量文化建设的意义

一、质量文化建设的必要性

（一）质量文化是质量意识与质量保障的时代要求

在新时代背景下，我国高等教育步入高质量发展的全新阶段，高校推进质量文化建设迫在眉睫[④]。自2002年起，我国高等教育规模迅猛扩张，随之而来的是教育质量参差不齐的状况。《2019年全国教育事业发展统计公报》显示，我国高等教育毛入学率达51.6%，进入普及化阶段。高校数量和规模的扩大，使教育经费投入增加，教育经费使用效益和人才培养质量成为社会关注焦点。全球经济变革要求高校承担更多责任，应对全球竞争挑战，提升教育质量和竞争力[⑤]。

---

① （英）阿什比.科技发达时代的大学教育[M].滕大春，滕大生.译.北京：人民教育出版社，1983：94.
② Ulf F.Understanding quality culture[J].Quality Assurance in Education，2009（4）：343-363.
③ 宋欣雄.高等教育质量文化：独特性与解释力[J].教育学术月刊，2022（11）：18-24.
④ 李志义，黎青青，宫文飞.新一轮本科教育教学审核评估中的质量文化[J].高教发展与评估，2024，40（02）：19-29，120.
⑤ 郑娜敏.英美两国高等教育质量保证体系的探析及启示[D].大连：大连理工大学，2001：13.

2018 年，教育部发布《关于加快建设高水平本科教育全面提高人才培养能力的意见》，提出将质量文化建设内化为师生的共同追求和自觉行为①。2019 年，时任教育部部长陈宝生强调"要建立大学质量文化，将质量意识内化为价值理念和行为原则②。"同年，教育部发布《关于深化本科教育教学改革全面提高人才培养质量的意见》，再次强调质量文化建设的重要性③。2021 年，新一轮审核评估将"质量文化"纳入评估指标体系，推动高校质量文化建设④。

（二）制度管理在大学质量管理中存在局限

现代管理学将管理分为人管人、制度管人、文化管人三个层次⑤。"从时效性看，人管人和制度管人能短期内见效，文化管人则更注重对未来行为的激励和约束⑥。"受科学主义文化影响，起源于 19 世纪末 20 世纪初的管理文化追求效率至上，在经济组织中提升了生产和管理效率，但忽视了人的自我建构和道德生成，导致组织成员过度竞争。

大学的发展和学生的成长依赖教师的协作，过于注重效率的管理模式在大学中难以发挥作用。自上而下的科层制管理在"巨型大学"中广泛应用，但存在局限性，刚性管理思维忽视了被管理者的潜力和需求，难以形成稳定的工作风格和组织忠诚度。因此，教学质量管理向注重质量文化转变成为必然趋势⑦。

---

① 教育部. 关于加快建设高水平本科教育全面提高人才培养能力的意见（教高〔2018〕2 号）[A]，2018-10-08.
② 陈宝生. 掀起一场高等教育"质量革命"助力打造"质量中国"——在"六卓越一拔尖"计划 2.0 启动大会上的讲话[EB/OL].[2022-11-25]，https：//news.hnu.edu.cn/info/1186/20853.htm
③ 罗海莹. 普及化阶段高校教育质量文化建设困境分析及应对[J]. 高教论坛，2022（07）：66-72.
④ 李志义，黎青青，宫文飞. 新一轮本科教育教学审核评估中的质量文化[J]. 高教发展与评估，2024，40（02）：19-29+120.
⑤ 何祥林. 论高校管理中的文化理念[J]. 教育研究，2009（1）：92.
⑥ 赵敏. 大学管理文化的反思与创新[J]. 教育研究，2004（7）：60.
⑦ 吴中江，黄成亮. 提升教学质量：从依赖制度管理到注重教学文化[J]. 黑龙江高教研究，2014（2）：59-62.

（三）质量保障转向质量文化是发展趋势

20世纪80年代以来，受西方"教育质量保障运动"影响，各国高等教育进入质量保障时代。2003年起，我国实施了一系列质量保障举措，对提升教育质量发挥了重要作用。但技术主义路线指导下的高等教育质量评估体系存在问题，如将质量保障等同于质量本身，指标体系注重形式忽视特色，导致高校应付评估，无法真正提升教育质量。因此，高等教育质量管理需向质量文化建设和组织文化创新转变[①]。

质量文化思想的兴起，标志着高等教育质量管理进入柔性管理时代，更重视深层次软性因素的作用。在高等教育普及化、市场化和国际化的背景下，高校质量文化对教育质量建设和发展至关重要[②]。

（四）质量文化建设是应用型本科高校发展的必然选择

1998年以来，我国新建了大量应用型本科高校。这些高校多位于非省会城市，缺乏区位优势和文化积淀，在生源、经费、人才争夺中处于劣势。尽管在扩招和投入方面取得成效，但教育质量问题逐渐凸显。应用型本科高校的办学定位决定了其必须重视质量文化建设，将提升教育教学质量作为工作重点，以在高等教育格局中立足[③]。

综上所述，教育质量保障程序和技术并不能从根本上解决质量的改进问题，而质量文化建设才是以高等教育质量保障为核心的内涵式发展的内生动力，特别对于应用型本科院校意义更加重大，关乎其生存发展。

二、应用型高校质量文化建设的重要性

在我国高等教育体系中，应用型高校普遍处于底层，不受重视。在现今的高等教育财政体制下，应用型高校获得的国家财政拨款与研究型大学

[①] 王建华. 高等教育质量管理：文化的视角[J]. 教育研究，2010，31（2）：57-62.
[②] 谷陟云. 高校教育质量文化研究：脉络梳理与路向展望[J]. 高教探索，2021（5）：26-33.
[③] 池芳. 应用型地方本科高校教育质量文化及其建设探索[J]. 武汉轻工大学学报，2021，40（4）：111-116.

差距甚大。据报道，占95%比重的应用型高校，在总的高等教育投入中只占57%[①]，办学经费不足，办学条件就差，由此更引发一系列问题，诸如生源质量相对较差，多以本地生源为主体，生源结构单一，师资数量不足，生师比过大，师资质量也相对偏低。这些因素又导致了应用型高校教育质量的下滑，学校社会声誉以及毕业生的社会认可度不高，因此相对于研究型大学，应用型高校面临更多质疑。在愈演愈烈的市场竞争中处于弱势地位，生存与发展面临巨大挑战。而应用型高校生存发展的唯一出路是提高自身教育质量，凭借质量赢得声誉，赢得可持续发展的机会。然而，仅靠传统的质量管理模式是难以实现的。培育质量文化是应用型高校摆脱困境，成功突围的不二良策。

质量文化是高等教育发展的土壤。优良的质量文化能够孕育高质量的高等教育，相反，低劣的质量文化对高等教育的影响可能是致命的。20世纪以来，质量文化建设成为推动高等教育发展的重要战略，具有本体意义和社会意义。

（一）高校质量文化建设的本体意义

1. 质量文化建设是大众化、普及化高等教育健康发展的保障

精英化教育阶段，质量文化建设并非重点。但随着高等教育进入大众化和普及化阶段，规模扩大带来生源和求学目的多样化，质量文化建设变得愈发重要。质量文化的变革和发展为高等教育的健康持续发展提供支撑，是各方参与高等教育治理、实现质量价值的重要途径。

高校和社会开展质量文化建设的目的是保障和提升教育质量。大众化和普及化阶段，高等教育质量呈现多样化，这得益于质量文化建设。美国的多元化认证制度和英国的高等教育基金委员会制度，有效保障了高等教育质量，推动了其健康发展[②]。

---

① 唐景莉，陶媛. 中小型高校：特色是制胜之宝[N]. 中国教育报，2005-07-20：3.
② 别敦荣，易梦春，李志义，等. 国际高等教育质量保障与评估发展趋势及其启示——基于11个国家（地区）高等教育质量[J]. 中国高教研究，2018（11）：36-44.

2. 质量文化建设是高校坚持正确办学方向的重要手段

高校是质量文化的主体，其办学理念和实践决定质量文化形态，质量文化建设也能塑造办学特色。在大众化和普及化阶段，高校面临多种需求，容易迷失办学方向。

质量文化建设有助于高校坚定办学方向，积累组织文化，强化文化引领和凝聚作用，规范办学行为，确保办学方向正确。哈佛大学前校长萨默斯强调，维护哈佛的强大需要保持开放与质疑、探索与服务、传统与创新的统一[①]。

3. 质量文化建设有利于发展高质量高等教育

追求高质量发展是高校的使命，质量是高等教育的生命线。质量文化建设的核心是提高高等教育质量，新一轮审核评估的分类评估体系为高校植入新的质量文化基因，引导高等教育提升质量。

质量文化建设是主动提升高等教育质量的行动，能在较短时间内取得成果，并为高等教育高质量发展奠定基础。

（二）高校质量文化建设的社会意义

1. 质量文化建设是高等教育界回应社会关切的有效方式

与精英化阶段相比，大众化和普及化高等教育受到社会更广泛的关注。21世纪以来，我国高等教育规模快速增长，引发了社会对教育质量的担忧和信任危机。高等教育界（以下简称高教界）需要反思并回应社会关切，维护高等教育的声誉。

质量文化建设是高教界主动回应社会关切的手段，通过发展质量文化，消除社会质疑，树立良好形象。社会的关切推动了高教界开展质量文化建设。

2. 质量文化建设是高校满足人民群众高等教育需求的责任担当

高等教育大众化和普及化不仅要让民众有机会接受高等教育，更要提

---

① 伍方斐. 感受哈佛——与哈佛全面接触[M]. 北京：北京出版社，2002：8.

供高质量的教育。当前，满足民众对高质量教育的需求是我国高等教育的首要任务。

质量文化建设的目的是提高教育质量，使学生受益。我国开展新建本科高校教学工作合格评估，推动高校改善办学条件，形成评建文化，提升办学水平。

3. 质量文化建设是展示高等教育社会功能的窗口

质量文化建设是高教界展示高等教育社会功能的窗口。我国开展的工程教育专业认证等工作，推动了专业人才培养质量的提升，让社会了解高校人才培养过程，促进了高教界与社会的互动。

以往高等教育质量被视为"黑箱"，质量文化建设使社会能够考察高等教育是否满足经济社会发展需求。

第三节 质量文化研究综述

一、质量文化的兴起

学界普遍认为质量是文化的结晶。质量文化起源于第二次世界大战（简称二战）后日本企业的质量革命。20世纪五六十年代，日本企业产品质量欠佳，在质量管理大师戴明和朱兰的指导下，通过理性的硬性质量管理和柔性的质量文化建设，实现了产品质量的提升，在全球市场取得成功。美国质量"三杰"提出质量文化思想，推动了企业领域质量文化研究的发展。戴明认为"质量是一种文化，是一种生活方式"[1]。克劳士比认为，质量文化是一种组织中全体成员均对质量负责，而非仅由质量控制者承担责任的文化[2]。约瑟夫·M·朱兰则将质量文化视为人们基于质量的习惯、信念和行为模式所形成的思维背景[3]。

---

[1] 黄镇海. 现代社会的质量概念[J]. 自然辩证法研究，2009（7）：33-36.
[2] HARVEY L, GREEN D.Defining quality[J].Assessment & Evaluation in Higher Education，1993，18（1）：9-34.
[3] 约瑟夫·M. 朱兰，A·布兰顿·戈弗雷，罗伯特·E·霍格斯图尔，等. 朱兰质量手册[M]. 焦叔斌，等. 译. 北京：中国人民大学出版社，2003：724.

在企业质量文化理论的影响下,高等教育质量管理进入文化时代。20世纪90年代初,高等教育质量文化兴起。1991年,英国副总理与校长委员会出版相关书籍,提出"建立质量文化"[1]。哈维和格林将"质量文化"定义为质量责任的下移,是一种强调过程、追求"零缺陷"以及"第一次就把事情做好"的预防型质量文化[2]。彼得·纽比分析了高等教育全面质量管理的文化障碍[3],曼兹·约克发表《高等教育质量文化建设》,开启了高等教育质量文化系统研究。

2002—2006年,欧洲大学协会发起"大学质量文化工程",发布两份报告,引领了欧洲高等教育质量管理的新范式并传播到其他国家。此后,学者们围绕高校质量文化开展了基础理论定性研究、测评研究和应用研究。

二、研究综述

(一)基础理论定性研究

21世纪初,学者们主要围绕高等教育质量文化的概念内涵、结构要素、类型划分等问题展开研究。

1. 高校质量文化内涵

对于高校质量文化的概念,学者们观点不一。组织文化说是主流观点,以欧洲大学协会的"大学质量文化工程"报告中的定义为代表,认为质量文化是一种以持续提升质量为目标的组织文化[4]。比利时佛兰芒地区的博洛尼亚专家组提出了一个工作定义,即质量文化是一种致力于关注质量建设效能和效率的组织文化[5]。

---

[1] EDWARD S. 全面质量教育[M]. 何瑞薇,译. 上海:华东师范大学出版社,2005:14.
[2] HARVEY L, GREEN D. Defining quality[J]. Assessment & Evaluation in Higher Education, 1993, 18(1): 9-34.
[3] NEWBY P. Culture and quality in higher education[J]. Higher Education Policy, 1999, 12(3): 261-275.
[4] European University Association. Quality culture in European universities: a bottom-up approach: report on the three rounds of the quality culture project 2002—2006[R]. Brussels: European University Association, 2006: 10.
[5] BERINGS D. Reflection on quality culture as a substantial element of quality management in higher education[J]. Faculty of Economics & Business Miscellaneous, 2009.

我国学者对高校质量文化定义的主要观点包括：韩映雄认为高校质量文化是一种"软文化"，即"高校在长期教育教学过程中形成的质量观、制度、规范、环境及传统、习惯等'软件'的总和"[1]。王建华认为高校质量文化是一种质量管理实践的文化，高质量教育是质量文化的结果[2]。刘丹平认为高校质量文化是一种实践人才培养的文化，"以人才培养质量为中心，以教育教学质量为主题，以全体师生为主体，以教育教学过程为主线的一种文化"[3]。

2. 高校质量文化层次要素、功能与特征

欧洲大学协会认为质量文化包含心理和管理两个要素。两个要素通过沟通交流、共同参与和理解信任相互关联[4]。基于此，有学者提出三要素说（物质、制度、精神）和四要素说（由外及里依次为物质、行为、制度、精神）。

关于质量文化的功能，我国学者普遍认为具有价值导向、凝聚、约束、激励和社会辐射等功能[5]。

对于高校质量文化的特征，学者们从不同角度进行分析，提出了多种观点。刘德仿认为高校质量文化具有文化性与综合性、整合性与实践性、一致性与自觉性[6]。何茂勋从文化角度补充了独特性与可塑性[7]。高海生、王森提出了高校质量文化主体性等十大特征[8]。

---

[1] 韩映雄,梁亦菡. 高等教育质量保障体系中的质量文化建设[J]. 中国高等教育评估，2006（4）：28-29，38.
[2] 王建华. 高等教育质量管理：文化的视角[J]. 教育研究，2010（2）：57-62.
[3] 刘丹平. 高校质量文化特征及建设策略[J]. 江苏高教，2010（6）：152.
[4] European University Association. Quality culture in European universities:a bottom-up approach: report on the three rounds of the quality culture project 2002—2006[R].Brussels:European University Association, 2006:10.
[5] 谷陟云. 高校教育质量文化研究：脉络梳理与路向展望[J]. 高教探索，2021（5）：26-33.
[6] 刘德仿. 高校质量文化及其意义[J]. 盐城工学院学报，2000（3）：41-44.
[7] 何茂勋. 高校质量文化论纲[J]. 高教论坛，2004（3）：140-145.
[8] 高海生,王森. 论文化生态学视野下的高校质量文化建设[J]. 国家教育行政学院学报，2013（7）：15-18.

3. 高校质量文化的类型

迪瑞斯·贝瑞斯等学者根据不同维度对高校质量文化进行分类，形成六种基本类型，即创新导向质量文化、传统质量文化、集体导向质量文化、专业导向质量文化、系统导向质量文化和个人导向质量文化[①]。哈维和斯汀萨克基于"群/格"文化理论框架，将质量文化分为四种类型，"响应型""反应型""创生型"和"再生产型"[②]。

（二）高校质量文化的测评研究

高校质量文化测评研究为质量文化建设提供现实依据。克里斯汀·萨特勒等学者开发了高校质量文化评估模型和测量工具，包括管理形式问卷和质量文化问卷[③]。迪瑞斯·贝瑞斯等学者通过案例研究，对高校质量文化类型进行诊断，为质量文化建设指明方向[④]。

（三）高校质量文化的应用研究

在质量文化理论研究的基础上，学者们研究了质量文化在高等教育质量管理实践中的应用，以及质量文化建设与高校教育质量绩效之间的关系。

1. 质量文化与高校质量绩效之间关系的实证研究

学者们通过实证研究证实了质量文化与高校质量绩效之间存在正相关关系。波兰学者安妮塔·科沃基维奇研究有关质量文化对教学质量的影

---

① DRIES B, ZJEF B, VEERLE H, PIET V.Quality culture in higher education: from theory to Practice[A]//ANDREA B, LUCIEN B, et al. Building Bridges: Making Sense of Quality Assurance in European, National and institutional contexts: a selection of papers from the 5th European quality assurance forum[C].European University Association, 2011: 38-48.
② LEE H, STENSAKER B.Quality culture: understandings, boundaries and linkages[J]. European Journal of Education, 2008, 43 (4): 427-442.
③ SATTLER C, SONNTAG K, G TZEN K. The quality culture inventory (QCI): an instrument assessing quality related aspects of work[M]//advances in ergonomic design of systems, products and processes. Berlin Heidelberg: Springer, 2016: 43-56.
④ BERINGS D.Reflection on quality culture as a substantial element of quality management in higher education[J]. Faculty of Economics & Business Miscellaneous, 2009.

响，认为教学质量的提升不仅依赖于资源的扩充，更是全体师生质量价值观影响下的产物①。阿里和穆萨调查了马来西亚高等教育机构，发现质量文化和员工绩效之间在统计上存在显著的正相关②。海姆·希尔曼等人对尼日利亚大学的实证研究结果同样表明，质量文化对大学绩效有显著的正向影响③。

2. 高校质量文化建设研究

学者们从不同角度提出了高校质量文化建设的方法和策略。曼兹·约克从领导层面提出质量文化建设的原则：制定愿景和战略、设立专门指导团队、开展广泛而持续的沟通、善于倾听、建立共同承诺、创造一些初期的成功、巩固并嵌入收益、不满足于现状④。欧洲大学协会提出质量文化生成的要素（过程、参与者和结构）和机制（战略规划与管理、内部评估与反馈、利益相关者参与、信息数据建设）⑤。荷兰学者分析了影响质量文化建设的因素，认为主要影响因素有组织亚文化和心理因素、领导和沟通，其中领导者是核心驱动力。瑞典学者提出基于流程图的建设方法⑥。挪威《高等教育质量文化》白皮书提出了高校质量文化建设的目标及举措⑦。

我国学者在质量文化建设方面也取得了丰硕成果，从顶层设计、战略

---

① ANETTA K.The impact of quality culture on quality of teaching a case of business higher education in poland [A]//LUCIEN B, SANJA B, et al. Embedding quality culture in higher education, a selection of papers from the 1st European forum for quality assurance[C].European University Association, 2007: 63-68.

② MUSAH M B.Investigation of Malaysian higher education quality culture and workforce performance[J].Quality Assurance in Education, 2012, 20（3）: 289-309.

③ HILMAN H, ABUBAKAR A, KALIAPPEN N.The effect of quality culture on university performance[J].Journal of Business & Retail Management Research, 2017, 11（4）: 25-33.

④ YORKE M. Developing a quality culture in higher education[J].Tertiary Education and Management, 2000（6）: 19-36.

⑤ European University Association. Developing an internal quality culture in European universities: report on the quality culture project 2002-2003[R].Brussels: European University Association, 2005: 15-22.

⑥ LYCKE L,et al. Building quality culture in higher education[J].International Journal of Quality & Service Sciences, 2017, 9（3/4）: 331-346.

⑦ 冯惠敏，郭洪瑞，黄明东. 挪威推进高等教育质量文化建设的举措及其启示[J].高等教育研究, 2018（2）: 102-109.

规划、组织体系、制度建设等方面提出了建设思路和措施。苏启敏认为应从领导文化、战略文化、保障文化三方面进行建设，采用价值引领、超越绩效和全员参与三条策略[1]。罗儒国等给出的质量文化生成路径为：正确领会其要义、价值，以卓越质量、使命与目标以及共同愿景为理念，加强高层质量领导力建设，创建质量组织与团队，完善质量约束与激励机制[2]。别敦荣、易梦春提出，加强高校质量文化建设，应树立以学生为中心的价值理念，完善高校的质量文化建设组织体系，构建内外结合、合作共治的质量保障体系和高质量发展的高等教育体系[3]。李志义主张通过建构完善的质量治理制度，配合柔性的质量治理氛围，完成质量文化的制度化过程[4]。韩延明认为大学质量文化建设是"柔性"价值约束与"刚性"制度保障有机结合、互补共融的新战略、新理念、新路向[5]。余承海、曹安照建议淡化监控文化，培育质量文化；清除官僚作风，实施尊重式管理；投资感情，建立教学质量的道德保障[6]。宋欣雄提出培育以信任与共同价值观为基础的质量文化，重建以学术共同体协调发展的质量文化，培育以学生为中心的转化性学习质量文化等建设思路[7]。唐大光提出应采取强化质量文化建设的信念和意识、制定正确的质量政策、明确质量目标和计划、夯实质量物质文化基础等措施，并遵循领导推动、以人为本、全员参与等原则[8]。

当前学界在高校质量文化研究方面取得了一系列成果，为应用型高校

---

[1] 苏启敏. 学校质量文化建设的基本理念[J]. 教育科学研究，2013（5）：47-51.
[2] 罗儒国，王姗姗. 高校质量文化建设的战略目标与实现路径[J]. 江苏高教，2013（2）：24-27.
[3] 别敦荣，易梦春. 高等教育质量文化及其建设策略[J]. 高等教育研究，2021，42（3）：7-16.
[4] 李志义，黎青青，宫文飞. 新一轮本科教育教学审核评估中的质量文化[J]. 高教发展与评估，2024，40（2）：19-29，120.
[5] 韩延明. 新时代大学质量文化探要[J]. 中国高教研究，2022（9）：32-37.
[6] 余承海，曹安照. 论高校教学质量的文化保障[J]. 江苏高教，2014（1）：87-90.
[7] 宋欣雄. 高等教育质量文化：独特性与解释力[J]. 教育学术月刊，2022（11）：18-24.
[8] 唐大光. 高校质量文化及其培育研究[J]. 国家教育行政学院学报，2009（5）：23-27.

质量文化建设提供了理论支持和研究思路。尽管质量文化概念源于企业界，学界在概念阐释上也多有借鉴企业文化的现象，但质量文化已在高等教育质量管理领域占据重要地位，为应用型高校质量文化建设路径研究奠定了理论基础。因此，本书以国内外质量文化相关研究成果为理论指导，从实践的角度探讨我国应用型高校有效推进质量文化建设的思路、路径和具体做法。

第二章

质量文化的理论基础

质量文化建设的实践需要理论指导，理论的作用在于为人们理解和控制组织行为提供指导。学校的任何管理活动，在一定程度上都是以一定的理论为基础的，一旦缺乏理论指导，管理者可能举步维艰。同样，为使学校的质量文化建设科学有序、系统有效，也需要有先进的理论和思想作为基础。全面质量管理理论、成果导向教育和质量文化相关理论是构建高校质量文化建设的主要理论基础。

第一节　全面质量管理

一、全面质量管理的定义

依据国际标准化组织（International Organization for Standardization，ISO）的定义，全面质量管理（Total Quality Management，TQM）是指"一个组织以质量为中心，以全员参与为基础，旨在通过实现顾客满意以及本组织所有成员和社会受益，进而达成长期成功的管理途径[①]"。实践证明，全面质量管理也适用于高等教育领域，对高等教育质量的提升也具有明显的作用。

二、全面质量管理概论

20 世纪 50 年代末，美国通用电气公司的费根堡姆和质量管理专家朱

---

① 陈学平. 高等职业教育课程质量管理监控体系构建[J]. 职业技术教育，2011，32（35）：61-63.

兰提出了"全面质量管理"的概念。他们认为，全面质量管理是在经济可行的前提下，充分满足客户需求，整合企业各部门质量活动的有效体系[①]。20世纪60年代初，部分美国企业以行为管理科学理论为指导，开展"零缺陷运动"，日本企业也开展了类似质量管理活动，有力推动了全面质量管理的发展。

全面质量管理的基本方法，可以概括为一个过程、四个阶段和八个步骤。质量管理是一个动态过程，不同阶段需完成不同任务。美国戴明博士基于此，总结出"计划（Plan）—执行（Do）—检查（Check）—处理（Act）"四阶段循环模式，即PDCA循环，也叫"戴明环"。

八个步骤是对PDCA循环的细化：

计划阶段：分析现状，找出问题；剖析问题产生的原因或影响因素；确定关键因素；制订计划与措施。

执行阶段：按计划落实相关措施。

检查阶段：全面检查计划的实施情况。

处理阶段：总结成功经验，将成果标准化；梳理未解决的问题，转入下一个循环。

三、全面质量管理的特点

全面质量管理是一种具备预先控制和全面控制特性的制度，其显著特点集中体现在"全"字上，包含三层含义。

（1）管理对象的全面性，这是就横向而言。

（2）管理范围的全面性，这是就纵向而言。

（3）参加管理人员的全面性，包括企业内外部人员，即全社会共同参与质量管理。

四、全面质量管理对于高校质量文化建设的指导意义

全面质量管理思想对高校质量文化建设有着极为深远的影响，是高校

---

① JOSEPH M. JURAN, JOSEPH A. DE FEO, etc. Juran's quality handbook[M]. 焦叔斌，等，译. 北京：中国人民大学出版社，2003.

质量文化建设实践的重要理论基础之一。具体而言，全面质量管理思想对高校质量文化建设的指导意义主要表现在以下方面。

（1）坚持全面性。高校要树立"全面的教育质量观"，人才培养质量不是由学校一两个长处决定的，而是由最短的短板决定的。教育质量目标的达成需从学生的知识学习、思想引导、价值塑造、创新精神与实践能力培养等多个维度同步推进，以促进学生的全面发展。

（2）坚持全过程性。秉持以学生为中心的理念，关注学生发展全过程，重点把控各主要教学环节的质量标准。系统收集和科学分析教育教学质量信息数据，为质量文化建设提供科学决策的信息支撑。

（3）坚持全员参与。高校所有质量成果的产出，离不开全体教职员工与学生的共同努力和高效协作。①领导班子应高度重视质量管理，重点聚焦制度建设与重要决策部署，以学校质量文化引领各项工作。②教师要有质量意识并切实付诸行动，在各类质量评价工作中，应尊重教师的主体地位，充分激发其主动性与积极性，让包括评价对象在内的相关人员广泛参与，通过充分的信息交流达成共识，确保质量活动得以有效开展。③教学管理与教辅人员要围绕质量文化建设职责，做好日常管理、服务与保障工作。④学生作为质量文化建设的直接受益者和体验者，应发挥主观能动性，积极参与教学质量信息的反馈，树立"教学质量关乎自身切身利益"的观念。

（4）坚持持续改进的理念。要不断强化落实"持续改进"的质量理念，经常且有效的评价与反馈是教学质量持续改进的前提，需要注意以下几点：其一，坚持多元评价；其二，设计科学、合理的评价指标；其三，评价结果要为教师教学的实质改进服务；其四，重视反馈的方式方法，对于评价中发现的问题，专家要提供建议并与教师充分交流，助推教师形成主动解决问题的意识与能力。

（5）坚持全社会共同参与。应用型高校办学定位就是服务地方经济社会发展，要主动融入地方发展，广泛深入开展需求调研，不仅宏观上掌握各类人才需求，适时优化调整专业结构，更要从微观上了解行业企业对人才能力的需求变化，及时调整教学目标与内容。积极邀请行业企业专家参与培养方案修订等质量建设活动，面向社会公开学校的质量信息，接受社会监督，回应社会关切。建立毕业生跟踪评价反馈机制，借助用人单位和毕业生信息反馈开展培养目标和毕业要求达成评价，定期调整优化专业人才培养方案。

基于全面质量管理理论，高校要坚持全员、全过程、全方位的"三全育人"理念，要坚持持续改进质量，坚持利益相关方共同参与质量管理。

第二节 OBE 教育理念

一、成果导向的教育理念

OBE（Outcome Based Education）教育理念，是一种基于学习产出的教育模式，也称成果（能力）导向教育、目标或需求导向教育。

该理念由美国的 Spady 等人于 1981 年提出，目的是应对新工业革命带给高等工程教育的挑战，当时的时代背景是公众对高等工程教育质量问责兴起，促使人们对教育投入回报率愈发关注。该理念强调以学生为中心，关注学生最终取得的学习成果，而非仅仅关注教学过程或教师的教诲。OBE 的核心是成果产出，实施过程涵盖定义学习产出、实现学习产出、评估学习产出以及使用学习产出四个环节。这种教育模式迅速被美英等国家广泛采纳，至今已成为各国教育改革的主流理念。

成果指学生最终获得的学习结果，是学生经过阶段性学习后所能达到的终极能力目标，学校应依据该成果，遵循反向设计原则设计课程，并对阶段性成果进行评价。教育的目的是赋予学生适应未来生活的能力，教育目标应明确列出具体核心能力，每项核心能力都要有清晰要求，且对应相应课程。

学习成果既是 OBE 理念的终点，也是起点，应具备可表述性、可测量性以及可达成性。确定学习成果时，需充分考虑利益相关者（如政府、学校、教师、用人单位、学生和家长）的需求与期望。

学习成果反映的是一种能力结构，需通过一系列课程学习来实现。因此，构建合理的课程体系对实现学习成果至关重要。能力目标与课程体系应建立清晰的对应关系，能力结构中的每项能力都要有对应的课程支撑，每门课程都要为实现能力结构贡献力量。

二、基于成果导向的高校质量文化建设改革

成果导向教育作为一种先进的教育理念，是高等教育改革的正确方向。基于成果导向的质量文化建设改革要做好如下两件事情。

（一）反向设计

反向设计是从需求（包括内部需求和外部需求）出发，由需求确定培养目标，由培养目标设计毕业要求，再由毕业要求规划课程体系。成果导向教育遵循反向设计、正向实施的原则，"需求"既是教育过程的起点，也是终点，确保了目标与结果的一致性[1]。

成果导向设计需明确四个对应关系。

（1）内外部需求与培养目标的对应关系：需求是确定培养目标的重要依据，培养目标应与内外部需求相适应。国家和社会需求属于宏观需求，是确定学校人才培养总目标的主要依据；行业和用人单位需求属于微观需求，是制定专业人才培养目标的主要依据[2]。

（2）培养目标与毕业要求的对应关系：培养目标是确定毕业要求的依据，毕业要求是达成培养目标的支撑。培养目标描述的是学生毕业5年左右的职业和专业成就预期，是专业人才培养的纲领。毕业要求描述的是学生毕业时应掌握的知识和能力[3]。

---

[1] 李志义，朱泓，刘志军，等.用成果导向教育理念引导高等工程教育教学改革[J]. 高等工程教育研究，2014（2）：29-34，70.

[2] 李志义.解析工程教育专业认证的成果导向理念[J]. 中国高等教育，2014（17）：7-10.

[3] 李志义.适应认证要求推进工程教育教学改革[J]. 中国大学教学，2014（6）：9-16.

（3）毕业要求与课程体系的对应关系：毕业要求是构建课程体系的依据，课程体系是达成毕业要求的保障。毕业要求与课程体系需构建支撑矩阵，明确课程知识点的关系，避免内容重复，及时优化教学内容。

（4）毕业要求与课程教学目标的对应关系：毕业要求是确定课程目标的依据，课程目标是实现毕业要求的支撑。毕业要求与课程目标的对应关系体现了微观层面的支撑，要将毕业要求落实到课程教学大纲中。

（二）持续改进

成果导向教育是一个持续改进的动态过程，需建立基于达成评价的持续改进机制，以优化培养目标，使其契合内外部需求；完善毕业要求，使其匹配培养目标；改进教学活动，使其符合毕业要求[①]。

建立持续改进机制，可概括为"一个目标、两条主线和三个改进"：一个目标是保障教育质量，两条主线是培养目标和毕业要求的合理性与达成度，三个改进是培养目标、毕业要求和教学活动的持续改进。三个改进通过三个循环实现，即通过外部循环改进培养目标，通过校内循环改进毕业要求，通过课内循环改进教学活动。首先，评估培养目标（毕业要求）是否与内外需求（培养目标）匹配，若不匹配则进行改进；然后，评估培养目标（毕业要求）是否达成，若未达成则改进毕业要求（教学活动）。教学活动的改进涉及课程体系、师资队伍、教学条件、教学过程和教学评价等方面[②]。

第三节 高校质量文化研究的理论基础

一、高校质量文化的结构论

深入剖析高校质量文化的层次结构，对于进一步理解其内涵、特征及

---

① 李志义，袁德成，汪滢，等. "113"应用型人才培养体系改革[J]. 中国大学教学，2018（3）：57-61.
② 李志义，朱泓，刘志军，等. 用成果导向教育理念引导高等工程教育教学改革[J]. 高等工程教育研究，2014（2）：29-34，70.

功能具有重要意义，能够助力我们系统地认识质量文化，并为其建设思路提供指引。高校质量文化由质量精神文化及其外化部分构成，各部分相互影响。质量文化结构从内到外依次为质量管理的精神文化、制度文化和物质文化。精神文化是核心，影响高校的质量管理实践和师生行为，对师生行为具有无形的引导作用[1]。制度文化处于中间层，由高校质量管理的领导体制、组织机构、管理制度组成，体现高校对质量文化的认可和个性表达[2]。物质文化处于最外层，体现在高校建筑、徽章、教案等实物中，是质量文化的外在体现。

也有学者提出"四层次论"，从内到外依次为精神层、制度层、行为层和物质层。董立平与孙维胜认为，精神层是高校共同的质量观，是质量决策和管理的指导原则；制度层是各种制度规范的总和，体现高校的质量控制；行为层体现在作风和行为准则上，也体现在原则把控上；物质层是质量文化的物质部分和建设基础[3]。

总体而言，高校质量文化结构论的主流观点，都基于"内在层面"和"外显层面"发展而来，是师生质量实践的精神活动及其物化成果的统称。欧洲大学协会提出，大学质量文化涵盖"硬"（质量管理、战略和过程等）和"软"（价值观、信念和承诺等）两个维度[4]。高校质量文化是质量保障体系中内外相互作用的统一体，是高校以质量为目标的价值认同和行为表征的统一，是保障教育质量的技术操作和文化认知的统一，是在大学内部群体达成共识的基础上，上升为大学组织文化的一种"文化模式"[5]。

---

[1] 刘德仿. 论高校质量文化之构建[J]. 学海，2000（5）：172-175.
[2] 洪林，汪福俊. 高等教育质量文化：特征与研究展望[J]. 现代教育管理，2021（7）：26-31.
[3] 董立平，孙维胜. 大学质量文化的本质特征与结构剖析[J]. 当代教育科学，2008（13）：6-9.
[4] EUA.Quality culture in european universities：a bottom-up approach[R].Brussels：European University Association，2003.
[5] 安心，张鹏. 构建内生型和外发内生型高等教育质量文化[J]. 中国高等教育，2012（12）：42-43.

二、高校质量文化的功能论

何茂勋、张蓓等学者将质量文化的功能归纳为四个方面：凝聚引导师生利益和目标导向，营造学校文化氛围；规范约束学校无形的行为准则和潜意识；激励学校无形的精神力量；向外部主体辐射反馈[①]。柏昌利认为，高校质量文化具有凝聚、导向、激励、约束和辐射五个功能[②]。洪林认为，质量文化是高校的无形资产，能健全高校内生机制，提升核心竞争力，增强凝聚力，塑造社会形象，促进学校高质量发展[③]。

质量文化是有效的质量管理手段，通过无形或有形的方式，引领和规范教育实践活动。学校在长期质量管理过程中形成的师生认可的价值观，会渗透到学校规章制度和师生行为习惯中，保障教学质量[④]。质量文化以人才培养质量为核心，是质量管理技术文化与质量理念精神文化的有机统一[⑤]。

三、高校质量文化的特征论

（一）高校质量文化是一种体现特色的文化

高校质量文化需因地制宜，充分展现特色。由于国情、地情、校情不同，其表现形式也有所差异，如欧洲大学的质量保障、美国的教育认证、我国的教育质量评价。我国大学质量文化注重以人为本、突出特色、追求卓越，秉持立德树人、为党育人、为国育才的理念[⑥]。同一地区不同类型高校，在办学理念、管理思想等方面也存在差异。潘懋元先生指出，不同高校应有不同质量标准，各级各类高校应培育与之相适应的质量文化

---

① 何茂勋. 高校质量文化论纲[J]. 高教论坛，2004（3）：140-145.
② 柏昌利. 高校质量文化及其构建策略研究[J]. 中国电子教育，2008（2）：19-22.
③ 洪林，汪福俊. 高等教育质量文化：特征与研究展望[J]. 现代教育管理，2021（7）：26-31.
④ 邱文教. 教学质量文化建设探讨[J]. 教育评论，2007（5）：17-19.
⑤ 刘丹平. 试论高校质量文化建设策略评价[J]. 高教论坛，2011（10）：78-81.
⑥ 林健. 深入扎实推进新工科建设——新工科研究与实践项目的组织和实施[J]. 高等工程教育研究，2017（5）：18-31.

特色①。高校可借鉴普适的建设意见,但不能照搬通用范式。在高等教育高质量发展的背景下,高校应坚持因地制宜,打造具有中国特色和自身特点的质量文化品牌。

(二)高校质量文化是持续改革创新的文化

高校质量文化是持续改进、不断创新的文化。高校要坚持开发办学,关注学科前沿,重视科学研究与创新,改革评价机制,应对外部挑战。在我国高等教育进入普及化阶段的大背景下,强调高等教育创新发展,全面推动"四新"建设。高校质量管理者要全力培育持续改进、追求卓越的质量精神。在强化质量主体意识和质量责任意识的基础上,完善培养高层次创新型、复合型、应用型人才的制度,持续深化教育教学改革,健全质量标准,专设质量管理机构,打造专业化质量管理队伍,常态化开展质量监测评估,及时反馈并落实持续改进,积极培育自省、自律、自查、自纠的质量文化。

(三)高校质量文化是以促进学生发展为中心的文化

高校的根本任务是立德树人,要坚持"三全育人"理念,积极整合利用学校和社会资源实现人才培养目标。吸纳全体师生共同参与质量建设活动,围绕影响人才培养质量的各种核心要素和关键环节,从思想引领、知识传授、能力培养、综合素质等方面综合发力,促进学生全面发展,提高学校人才培养能力,构建起"三全育人"、利益相关者共同参与的质量文化。

第四节 高校质量文化建设的路径论

质量文化的形成存在两种基本路径:一是自然天成,二是主动构建。自然生成路径指的是师生在高等教育长期发展进程中,通过持续沉淀而逐

---

① 潘懋元. 高等教育大众化的教育质量观[J]. 中国高教研究, 2000 (1): 9-11.

渐形成的质量文化；主动构建路径则主要是指在多种利益相关者的影响下，师生因各类高等教育改革的推动，改变自身教育教学行为，进而催生新的质量文化，是一种主动建设、有明确规划的质量文化发展模式。

被誉为"组织文化之父"的埃德加·沙因在《组织文化与领导力》一书中，归纳了12种文化嵌入机制，包括领导者对关键事项的关注、资源分配、组织设计、制度制定、典礼仪式举行等[1]。高校质量文化建设，本质是将高校对人才培养质量的追求融入制度体系，内化为组织成员的价值体系，这一过程即制度化过程。在社会学制度主义理论中，社会秩序的构建与再生产被定义为制度化。当社会秩序在认知、文化和象征层面自主实现维持与再生产时，就实现了制度化[2]。制度化包含制度建构和制度认同两个维度[3]。制度建构强调制度的完备性、系统性和协调性，是制度化的前提；制度认同侧重于组织成员对制度的认可和内化，是制度化稳固的保障。高校质量文化的形成也是一个制度化过程。欧洲大学协会指出，质量文化由质的结构与管理、对质量的价值信念期望和承诺两部分构成，分别体现了质量文化自上而下和自下而上的形成路径[4]。文化与制度具有同构性，制度是文化的外在体现，文化是制度的精神核心。制度使文化得以传承，文化让制度被内化[5]。文化与制度具有同构性，制度是文化的外在体现，文化是制度的精神核心。社会学家斯科特将制度要素划分为规制性要素、规范性要素和文化-认知性要素，内化程度依次递增。规制性要素通过外部约束发挥作用，遵循工具主义逻辑；规范性要素为行为提供积极模式，遵循适当性逻辑；文化-认知性要素强调对共同认知框架的认同[6]。

---

[1] 沙因. 组织文化与领导力[M]. 北京：中国人民大学出版社，2011：60.
[2] 河连燮. 制度分析：理论与争议[M]. 北京：中国人民大学出版社，2014：136.
[3] 王永香，王心渝，陆卫明. 规制、规范与认知：网络协商民主制度化建构的三重维度[J]. 西安交通大学学报：社会科学版，2021（1）：117-126.
[4] VETTORI O. Examining quality culture part III: from self reflection to enhancement[J]. European University Association: Brussels, Belgium, 2012(21): 12.
[5] 赵婷婷. 大学质量文化：从合格质量转向创新质量[J]. 教育研究，2023（4）：137-147.
[6] 斯科特. 制度与组织[M]. 北京：中国人民大学出版社，2010：80.

质量文化弱化规制性制度建设，强调规范性和文化-认知性要素的制度建设，将其内化为行为主体的心理认知结构，形成质量共同体。

一、强化质量文化建设的意识

强化质量意识是培育高校质量文化的首要任务。教育质量意识是高校全体人员提升工作质量、参与教育质量管理、培养高质量人才的自觉体现[1]。在质量实践中，应做到以下几点：一是树立以学生学习为中心的质量意识，强化管理人员质量观念，加强部门沟通协调，落实教育质量评估与反馈功能，鼓励教师进修。二是对教育质量有强烈的情感承诺。管理人员为教学提供资源和服务，教师要有敬业精神，建立评价制度，倾听各方意见。三是树立质量竞争和忧患意识，增强进取精神，保持对教育质量的危机感。四是树立质量责任和道德意识，将质量视为学校发展的关键，树立正确的教育质量观和职业道德观，养成符合质量要求的行为习惯。

二、制定正确的质量政策方针

高校质量政策方针决定质量文化的发展方向，是推动质量管理的核心动力。质量政策方针包括高校办学宗旨、指导思想、定位、质量目标和教学质量持续改进的承诺。制定质量政策方针时，应遵循"关注师生满意度、发挥领导作用、全员参与、过程管理、系统化质量管理、持续改进承诺、基于事实决策"等质量管理原则，体现质量管理的理念和价值观[2]。

三、制定明确的质量目标和计划

质量目标是质量文化的具体体现。制定恰当的质量目标，是质量文化

---

[1] 柏昌利. 高校质量文化及其构建策略研究[J]. 中国电子教育，2008（2）：19-22.
[2] 唐大光. 高校质量文化及其培育研究[J]. 国家教育行政学院学报，2009（5）：23-27.

建设成功的关键[①]。质量目标应依据学校质量政策方针，结合学校质量环境、现状和发展水平，以及教职工质量意识和社会、学生对高等教育的期望制定。将质量方针中的质量承诺转化为可量化、可测量的目标，分解到相关职能部门，形成完整的目标体系。考虑教师和学生的心理需求，使质量目标成为师生共同追求的方向。质量计划是实现质量目标的具体工作计划，学校、部门、教师和学生都应制订相应计划，以学校教育质量目标为依据。

四、夯实质量物质文化建设基础

校园物质文化环境是高校质量文化建设的基础，反映高校质量文化建设水平。高校应具备先进充足的教学设施、雄厚的师资力量和优美的学习环境。这些物质文化不仅要满足教学需求，还应蕴含质量理念、价值追求和人文关怀等精神元素。物质文化建设，如品牌打造、师资建设、校园环境提升、设备更新、实验室建设等，应围绕环境育人目标，结合学校特色进行规划设计，促进物质层、制度层和精神层质量文化建设的协调发展，凭借优质的品牌、师资、教学设施等，培养优质人才，实现"以物保质"。

五、激活持续改进的质量行为

质量行为文化作为学校成员质量意识的实践映射，能够有效推动成员积极投身学校质量管理活动，促使其将质量认知转化为实际行动，助力学校质量目标的达成[②]。在高校质量文化培育进程中，若无法将质量管理理念贯彻到具体行动中，再先进的质量意识与观念都将流于形式。因此，高校质量文化建设需以现代教育理念和创新质量观为指引。在行政管理方面，学校领导与管理干部应当营造和谐、相互尊重的工作氛围，搭建高效

---

① 唐华生，叶怀凡. 高校质量文化建设的价值探索与路径选择[J]. 学术论坛，2007（3）：184.
② 骆洁嫦. 试论高校质量文化的构建[J]. 中国质量，2000（5）：19.

的沟通网络,培育合作解决问题的组织文化。同时,注重收集、反馈与分析质量信息,强化对质量过程的管理与把控,为高校质量管理活动的开展提供组织保障。在教师层面,教师要深刻理解学校的质量观念与质量目标,将追求卓越质量作为教学的核心准则,并自觉落实到日常教学中。此外,教师要充分挖掘学生潜力,推动学生全面发展,积极参与学校质量建设,将自身的质量理念融入学校组织文化,并且踊跃参加各类进修和培训,追求自我成长与发展,从而推动学校教学质量的提升。

六、建立健全质量文化制度

质量制度文化是高校为实现质量目标与方针,对师生员工行为作出的规范化、程序化要求,具有基础性、长期性和严肃性的约束作用[①]。当教职员工广泛接纳制度内涵,并自觉遵守与维护,使其形成习惯时,制度便升华为规范文化。质量文化制度不仅能成为全体教职员工的行动指引,更是激励大家不断奋进的动力源泉。因此,高校需构建具有参与性和公开性的工作制度、责任制度、管理制度、评价制度与奖惩制度,让学校的质量精神成为全体师生员工共同遵循的行为准则,使维护学校荣誉和质量形象成为每个人的自觉行动。在此基础上,搭建并完善内部质量监控与保障体系,逐步引入全面质量管理理论和 ISO 9000 质量管理体系,实现从被动遵守规章制度到自觉维护制度的转变,让追求卓越质量成为每个教职员工的内在追求。

七、开展质量文化宣传和教育

在质量文化培育过程中,人的因素至关重要。因此,高校要对全体师生开展广泛、深入的质量道德、质量意识、质量制度以及质量教育理论等方面的教育,促使师生形成自觉提升质量的行为习惯。充分发挥德育工作体系和职业道德教育体系的作用,将质量道德建设与职业道德教育有机融

---

① 刘德仿. 论高校质量文化之构建[J]. 学海,2000(5):174.

合，把质量道德教育融入党团、工会、学生社团等各类活动中，让质量道德和质量意识深入人心。同时，通过多种形式宣传、倡导良好的质量行为，比如借助会议、报刊、广播、宣传栏等渠道，大力宣传学校的质量形象和质量行动。借助环境的潜移默化作用，增强广大师生关心质量、提升质量的意识，营造浓厚的质量文化氛围。

第三章

以内部保障为根基推动质量文化建设

质量文化借鉴自企业的质量管理理论，近年来成为欧洲学术界阐释高等教育质量的一个重要范畴。2005年出台的《欧洲高等教育质量保障标准和原则》指出：高等教育机构对于质量活动及其保障过程肩负着主要责任，而且必须鼓励校内质量文化的生成①。质量文化并非全盘否定现有的质量管理技术，而是在重视与运用各类测量、评价和提高质量的制度规范、程序过程及工具手段的同时，也关注和强调个体和群体追求质量中体现出的信念、态度、情感和能力等文化心理要素。杰夫·贝瑞指出：质量文化作为一种整体性观念，致力于将现有的认识、态度、行为、价值和信念转化为一种新范式②。可见质量文化既是一种行为方式、管理模式和运行机制，也是一种发展理念、精神文化和团队意识。它的生成主要借助于三个要素的相互作用和协同保障，即结构、过程和行动者③。

质量文化需要适合的质量保障活动加以推动，这就需要建立指向质量文化的质量保障体系、质量标准、质量保障项目（如专业评估、课程评估、院系评估等），这些质量保障内容的设计要体现质量文化的培育目标，致力于质量文化建设目标的达成。安康学院作为一所应用型大学，

---

① ENQA.Standards and guidelines for quality assurance in the European higher education area 3rd edition[R]. Helsinki：European Association for Quality Assurance in Higher Education，2007：14.
② BERRY G. Leadership and the development of quality culture in schools[J]. International Journal of Educational Management，1997，11（2）：54.
③ 高飞. 欧洲高校质量文化的生成要素[J]. 高教发展与评估，2015，31（5）：8-14，54，97.

努力建设"乐学善教,追求卓越"的质量文化。把握教风建设与学风建设两个抓手,打造"敬业守正,严谨善导"的教风,"敏而好学,善思躬行"的学风。

安康学院围绕质量文化建设目标达成,进行了一系列创造性的内部质量保障实践。设计构建了"一本两线三循环八系统"的教育教学质量保障体系,修订了体现质量文化建设要求的教育教学主要环节质量标准,开展了专业评估、课程评估、院系评估等质量保障项目,有力推进了师生质量意识的形成和质量行为的规范化。

第一节 指向质量文化的内部质量保障体系设计

教育教学质量是高等学校发展的永恒主题,是学校办学水平的重要标志,是学校生存和发展的生命线。以质量为核心,建立和完善教学质量保障与监控体系,是提高教育教学质量的重要保障。

为进一步贯彻落实习近平总书记关于教育的重要论述和全国教育大会精神,完善以产出为导向的全员、全过程、全方位的教育教学质量保障长效机制,提升人才培养质量保障能力,使教学质量保障与监控工作规范化、制度化,形成持续改进的质量文化,不断提高人才培养质量。安康学院遵循全面质量管理理论,秉持产出导向的价值取向,贯彻学生中心的教育理念,培育持续改进的质量文化的基本理念,构建了"一二三八"教育教学质量保障体系,即一本(立德树人)、两线(主线与底线)、三循环(学校层面"大循环"、部门层面"小循环"和二级学院层面"内部循环")、八系统(质量组织系统、质量目标系统、质量标准系统、条件资源保障系统、培养过程管理系统、质量监控系统、质量评估系统、反馈改进系统),形成"检查(评估)→反馈→指导→改进→提高→检查(评估)"的质量保障多重闭环循环联动的有效运行机制,形成人才培养工作的全员参与、全过程管理、全方位保障和常态化监控机制,抓住主线任务,筑牢质量底线,促进教育教学质量持续提升。

一、体系理念

总体目标。学校教育教学质量保障与监控体系以培养具有较高综合素质和创新精神的应用型人才为目标，提高全体教职员工的质量意识，树立正确的质量观，培育质量文化，健全教学质量保障与监控体系和教学激励机制，将教学活动的全过程纳入教学质量保障与监控体系，有效监督与控制影响教学质量因素，建立快捷高效的教学质量信息反馈机制，切实提高管理水平、教学质量和办学效益。

指导思想。全面贯彻党的教育方针，全力落实立德树人根本任务，为培育具有较高综合素质与创新精神的应用型人才提供有力保障。确立质量立校的理念，坚持教学工作的中心地位，以全员参与为基础，运用先进的教育教学管理方法和手段，构建符合学校实际，科学、规范的教育教学质量保障与监控体系，有效提高教育教学水平和应用型人才培养质量。坚持以学生发展为导向，以提高本科人才培养质量为根本，不断深化教学质量管理改革，遵循持续改进原则，创新质量文化建设。

基本理念。坚持遵循高等教育教学规律、学生身心发展规律和应用型人才培养规律，遵循全面质量管理理论，秉持产出导向的价值取向，贯彻学生中心的教育理念，培育持续改进的质量文化。体现学校办学定位，将各个单位的职能行为与教学质量保障与监控工作的各项任务有机衔接起来，形成教学质量目标、质量标准、管理组织、管理过程、条件保障、监测分析与改进的闭环系统，具有预警性、激励性和诊断性，用以保证并提升教学质量，促进本科教学持续发展的管理体系，保障并不断提升教学质量，扎实做好新时代人才培养工作。

基本架构。学校教学质量保障与监控体系包括：质量组织系统、质量目标系统、质量标准系统、条件资源保障系统、培养过程管理系统、质量监控系统、质量评估系统、反馈改进系统八个子系统（见图3-1）。

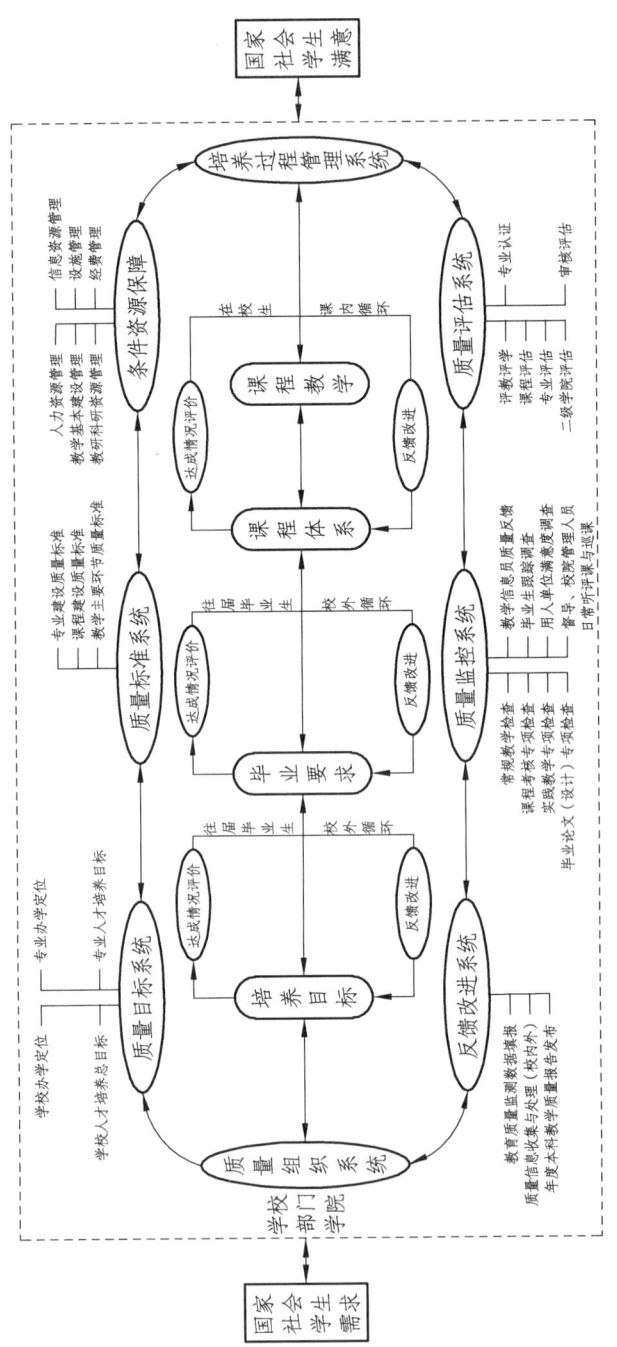

图 3-1 安康学院教育教学质量保障与监控体系

运行机制。完善"检查(评估)→反馈→指导→改进→提高→检查(评估)"的质量保障多重闭环循环联动机制。学校质量保障运行机制主要内容如下：

（1）围绕学校质量保障的范围，即"办学指导思想、办学定位、人才培养目标、专业毕业要求、专业课程目标、教学资源、培养过程、学生发展"等，通过专项督导、校内评价、校外评价、专项评审、专题研究、交流指导、社会评价等开展专项质量监控，促进学校形成"检查(评价)→反馈→指导→改进→提高→检查(评价)"的质量保障闭环式"大循环"。

（2）各职能部门依据学校质量保障的范围，按照本办法的要求，对本单位所履行的质量职责自主进行质量保障和常态质量监控、分析与改进，形成部门"自我检查(评价)→自我反馈→自我改进→自我提高→自我检查(评价)"的质量保障"小循环"。

（3）二级学院按照内部本科教学质量保障体系的要求，围绕专业培养目标、毕业要求、课程目标达成，对影响本学院教学质量的各环节和因素进行质量保障和常态质量监控、分析与改进，形成"自主构建本学院质量保障体系→自主运行→自我检查(评价)→自我反馈→自我改进→自我提高→自主创建本学院质量文化"的"内部循环"。

（4）通过学校层面"大循环"、部门层面"小循环"和二级学院层面"内部循环"的实时联动，及时发现问题和分析原因，提出相应的改进措施，推动质量保障闭环管理机制有效实施。

二、组织机构及工作职责

质量组织系统包括：领导决策机构、执行管理机构、工作实施机构、监督评价机构。

（一）领导决策机构

学校层面质量领导决策机构是学校党委会、校长办公会、学校教学委员会。党委会和校长办公会研究决定学校教学工作中的重大问题；学校教学委员会指导和审议重要教学工作，为学校教育教学工作重大决策给出咨询意见。党委书记和校长是第一责任人，分管教学工作校领导是直接责任人。二级学院层面决策机构是学院党政联席会议和专业建设委员会，对本学院教学质量保障体系建设进行研究决策，二级学院院长、书记是本学院教学质量第一责任人，分管教学副院长是直接责任人。

（二）执行管理机构

学校教学质量保障执行管理机构是教务处，其工作职责是：负责构建教学质量保障体系并保证其正常有效运行；负责对学校教学运行状况和各二级教学单位及有关部门执行情况进行监控；负责教学督导队伍及学生教学信息员队伍等教学监控队伍建设；组织各类教学竞赛及教学专项检查与评价等工作。责任人是分管教学的校领导，具体执行人是教务处处长。

（三）实施机构

学校教学质量保障工作的实施机构是相关职能部门、各二级学院。教务处是教学质量保障的主要实施机构；各二级教学单位是学校教学质量保障体系的实施主体；教师是教学工作的主要承担者，也是教学质量保障工作的直接参与者。

实施机构的主要职责是：制定相应的质量建设子目标及相应的质量标准；制订实现质量建设子目标和达到质量标准的工作计划并具体实施；对本单位教学质量保障项目的执行情况进行日常自我监测、分析和改进；根据教学质量监控的反馈意见及时进行分析和改进。责任人是分管教学工作的校领导，执行人是教务处、人事处、计财处、学生处、基建处、团委、国资处、宣传部、图书馆、信息化处、后勤处、党政办、招就处、国际处等职能部门负责人和各二级学院负责人。

（四）监督评价机构

学校本科教学质量监控与评价机构是教育教学质量评估中心、校院两级教学督导队伍及学生信息员队伍等对教学秩序、教学质量及教学工作状态进行监督指导的组织机构。

其工作职责是：

（1）负责组织协调推动教学质量保障体系建设，制定相关制度政策和评估办法，组织协调、指导各质量责任主体的管理工作；

（2）牵头并组织协调学校本科教学评估、审核评估、专业认证、专业评估、课程评估、教育质量监测数据填报及分析等综合质量管理工作；

（3）按照本办法要求，对各质量责任主体的常态质量监控工作进行监控；

（4）根据教学督导组工作计划，组织实施督教、督学、督管和专项督导工作；

（5）检查、指导教学质量保障体系建设过程中的各类措施落实和改进情况，向学校提出教学管理工作的决策建议；

（6）收集、汇总社会评价意见，纳入教学问题整改销号台账，并向有关单位反馈，监督整改进展情况；

（7）检查校院两级教学规章制度的执行情况。

三、质量保障的实施

（一）质量目标保障系统

质量目标保障的内容主要有以下项目：办学定位、人才培养目标、专业毕业要求、专业课程目标等。

1. 办学定位

包括发展目标定位、层次类型定位、服务面向定位、人才类型定位以及办学指导思想与办学思路、学校事业发展规划等。责任单位是发展规划处。

质量要求：

（1）坚持正确办学方向，坚持为党育人、为国育才；

（2）办学定位合理，符合区域经济发展需要，符合学校自身发展实际；

（3）办学指导思想与办学思路明确，契合应用型本科教育特征和要求，突出人才培养中心地位；

（4）事业发展规划体现办学定位和办学指导思想，符合高等教育发展方向和学校发展实际，具有前瞻性、针对性和可行性，目标与任务明确，实施措施有效得力，可测量，可评估。

2. 培养目标

包括人才培养总目标、专业培养目标。学校人才培养总目标定位的责任单位是教务处。

质量要求：人才培养总目标符合区域经济发展需求和学校办学定位，体现"立足地方、面向行业、突出职业素养和专业应用能力"原则。

专业办学定位和专业人才培养目标、毕业要求、课程目标的责任单位是各二级学院和系（室）。

质量要求：

（1）专业培养目标符合学校办学定位及人才培养总目标，符合国家、社会及学生的要求与期望，能反映学生毕业后 5 年左右在社会以及专业领域的发展预期；

（2）二级学院和系（室）要以产出为导向，对人才培养目标、毕业要求和课程目标及三者之间的逻辑关系进行深入研究和设计，严格实施，保障课程目标、毕业要求和人才培养目标达成。

（二）质量标准保障系统

质量标准保障的内容主要有以下项目：专业建设质量标准、课程建设质量标准和本科教学主要环节质量标准。学校质量标准保障的责任单位是教务处。

1. 专业建设质量标准

专业建设质量标准（含一流专业建设质量标准）包括质量目标以及教学资源、教学过程、质量管理等方面的质量要求。

质量要求：

（1）符合普通高等学校本科专业类教学质量国家标准，符合专业人才培养目标的基本要求；

（2）有合理的建设规划和科学合理的培养应用型人才的课程体系，注重特色的培育；

（3）必须明确毕业要求，并将毕业要求达成落实到培养方案每门课程之中，课程与毕业要求的对应矩阵、毕业要求与培养目标的对应矩阵合理。

2. 课程建设质量标准

课程质量标准内容包括课程教学团队、课程建设规划、教学文件（课程大纲、课程教案、教学进度计划表等）、目标与内容、教学资料（含教材）、教学改革、教学管理等。

质量要求：

（1）充分利用信息化技术加大课程建设力度，培育与打造一批"金课"、校企合作建设课程；

（2）突出知识的应用，符合本专业人才培养目标的基本要求和专业教学质量标准，每门课程应有教学大纲，课程教学大纲对毕业要求的支撑与人才培养方案一致，且执行严格；

（3）有思路清晰的课程建设规划，措施得力，成效显著；

（4）有课程评估制度及各类课程建设评价标准，按时开展评估工作；

（5）深入挖掘思政元素并有机融入课程教学，发挥好课程的育人作用；

（6）注重教材建设，有科学的教材选用和质量监管制度，有一定数量且质量较高的自编特色教材。

3. 教学主要环节质量标准

包括备课、理论教学、实验教学、实训教学、辅导答疑与作业批改、课程考核、课程设计、见习、实习、毕业设计（论文）等环节质量标准。

质量要求：

（1）符合学校人才培养目标，各项内容和指标设置科学合理，有较强的导向作用，且操作性强；

（2）体现以学生学习效果为导向的"从以知识储备为中心向以知识应用为中心转变"的教育教学质量观。

（三）条件资源保障系统

教学条件资源保障的内容主要有以下项目：人力资源管理、教学基本建设管理、教科研资源管理、信息资源管理、设施管理、经费管理。

1. 人力资源管理

包括：师资队伍建设、教学管理队伍建设。责任单位是人事处，由人事处、教师发展中心和教务处具体执行。

质量要求：

（1）师资队伍建设规划合理，措施得力。

（2）师资队伍数量与结构满足：各专业教学需要并达到国家专业教学质量标准要求；教育部规定的要求；学校发展战略目标要求。

（3）建立教师教学工作考核机制，在对教师考核中，实行教学质量考核一票否决制；重视师德师风建设，教师敬业度高，从严执教，实行师德师风一票否决制。

（4）重视教师培养培训，师资培训、进修有保障，采取有效措施进行教学团队建设和专业带头人培养等工作；教师教学水平和能力提升措施得力；有针对新进教师职业资格培训和教学能力培养的措施；落实青年教师导师制，重视青年教师培训和专业发展，规划得力、措施可行、实效显著。

2. 教学基本建设管理

教学基本建设管理主要包括：专业建设、课程建设、教材建设、实验室与实习实训基地建设与管理以及制度建设等。这些都是保证教学质量的关键环节，是最重要的基础性建设，应以学校的发展目标和总体规划为依据。在每项基本建设中要不断提出改革措施，创造稳定、良好的教学环境。责任单位是教务处。

（1）专业建设管理。专业建设管理基本内容包括：专业定位、专业特色、课程体系、师资队伍、实习基地。

质量要求：

① 要拓宽专业口径、扩大专业基础，增强学生的适应性；

② 发挥优势，办出特色，强化一流专业建设；

③ 要根据学科与社会发展，适时进行专业、专业方向、专业群、培养目标和教学内容的调整；

④ 分批有计划地开展专业认证。

（2）课程建设管理。

质量要求：

① 有思路清晰的课程建设规划，措施得力；

② 有合理的课程评估制度及各类课程建设评价标准；

③ 每门课程有符合人才培养方案要求的教学大纲；

④ 各级各类课程建设项目的申报、指导和督促工作到位、经费资助到位，效果好。

（3）教材建设与选用管理。

质量要求：

① 教材建设规划合理，教材评价制度严格；

② 教材选用符合大纲要求和教学实际需要，把关严格，整体水平高；

③ 调动和鼓励学术水平高、教学经验丰富的教师编写高水平应用型特色教材。

（4）实验室建设管理。

质量要求：

① 实验室建设有规划，有措施，管理规范；

② 实验室布局规划要和学科专业发展规划相结合，按学科群布局，结构配置合理；

③ 仪器设备满足教学需要，运行与维护正常，利用率高；

④ 管理机制良好；

⑤ 有一定数量的校企共建实验室且运行有效。

（5）实习实训基地建设管理。

质量要求：

① 实习实训基地建设有规划，有措施，运行良好，管理规范；

② 校企合作建设基地相对稳定，适时增设与调整，加强对基地的投入与管理；

③ 校企合作建设实习实训基地有成效,有一定数量的省级创新创业实践教育基地;

④ 校内外实习实训基地满足应用型人才培养的要求,能覆盖所有专业。

3. 教科研资源管理

教科研资源管理包括:各级各类教育教学改革与研究项目、平台以及科学研究的项目、平台等资源管理。责任单位是教务处和科研处。

质量要求:

① 各级各类教育教学改革与研究项目成果显著,对提高教学质量能发挥良好的引领和支撑作用;

② 加强对各类资源的管理,打通资源壁垒,推进面向学生的教学、社会实践、科研实践等各类资源整合;

③ 教学科研平台、科研项目和产学研合作等的建设与管理对教学改革、教学质量提升起到促进作用。

4. 信息资源管理

信息资源管理包括:信息化平台建设、文献信息资源建设和网络教学资源建设。责任单位是信息化处、图书馆和教务处。

质量要求:

① 信息化平台建设。制定信息化建设规划以及信息化建设标准与规范,构建信息化标准管理体系;完善学校数据中心,进一步实现数据共享;教学、管理应用软件系统配置到位,信息化安全有保障;

② 文献信息资源。满足教学科研需要且利用率高;

③ 在线教学与网络学习资源。满足教学科研需要,利用率高,使用效果好。

5. 设施管理

主要包括:教学用房、教学辅助用房、运动场馆、体育设施与仪器设备。责任单位是国资处、信息化处及体育学院。

质量要求：

① 教学设施的硬件和软件建设能满足教学的要求；

② 教学设施硬件的投入和维护正常；

③ 教学设施软件建设应以为教学服务为宗旨；

④ 大力推进智慧教室建设，推动课堂教学革命。

6. 经费管理

经费管理包括：经费的预算、使用、管理。责任单位是计财处。

质量要求：

① 经费预算科学合理，经费使用合理、有效、公开、透明；

② 按照教育部评估要求及教学需要，保证教学经费和日常教学运行经费的投入并逐年增加；

③ 确保教学经费专款专用；

④ 确保教学经费优先保障。

（四）培养过程管理系统

培养过程管理系统主要包括：培养方案、学籍、教学管理，学风建设与学生支持服务，招生与就业，第二课堂以及教学档案管理。

1. 培养方案管理

培养方案管理是指人才培养方案的制订与修订以及具体执行。责任单位是教务处。

质量要求：

（1）人才培养方案中设置的作为教学基本任务的课程与环节，必须全面完成，且执行严格，管理规范；

（2）人才培养方案中设置的课程和环节名称、编号、学时及开课学期等，任何单位和个人未经学校同意不得随意变更；

（3）每学期教学任务及课程表必须根据人才培养方案的要求进行安排，未列入人才培养方案的课程及环节未经批准一律不予安排；

（4）人才培养方案必须相对稳定，不轻易作大的变动，以利于总结经验，提高人才培养质量。根据区域经济发展和人才培养的需要，可以对人才培养方案进行全面修订。允许对人才培养方案个别教学环节进行微调，如调整个别课程教学时数或时间安排、增减个别课程等；教学计划异动须经过严格审批方可进行。

2. 学籍管理

学籍管理主要包括注册学籍，课程考核，留升级、转专业、休复学、留学、退学等处理，毕业和学位授予资格审查等。责任单位是教务处和学工部。

质量要求：

① 入学注册程序规范、工作严谨；

② 课程考核管理要制度化、科学化、规范化；

③ 根据课程的性质、内容确定考核方式及方法，加强课程过程管理的考核，加大课程考核方式、方法的改革力度，充分发挥课程考核的检测、诊断、评价、反馈等功能；

④ 不断完善学生成绩管理科学化、规范化、信息化、制度化；

⑤ 实施学业预警制度；

⑥ 规范学生的升级、留级、转学、休学、复学、退学；

⑦ 毕业资格、学位授予资格审查严格执行学校规章制度，严把毕业出口关。

3. 日常教学管理

日常教学管理包括：教学常规管理、理论教学管理（含有课内实验的课程）、实践教学管理、创新创业教育管理。教学常规管理基本内容包括：期初、期中、期末教学检查；教师执行教学进度计划表、课表情况；考试管理；毕业设计、毕业论文、实习管理。责任单位是教务处。

（1）教学常规管理。

质量要求：

① 教学管理制度科学、严谨，内容完备，涵盖规章制度、质量标准、岗位职责和工作流程，执行严格，教学常规管理工作规范；

② 主要教学环节的质量标准执行严格；

③ 期初、期中、期末教学检查正常进行，有记录，有反馈，有改进；

④ 教师执行教学进度表严格，课表的任何变动须按变更程序进行；

⑤ 课程考试考核管理严格、规范；

⑥ 毕业论文（设计）、实习实践等管理严格、规范。

（2）理论教学管理。

质量要求：

① 严格执行人才培养方案、课程大纲和课堂教学质量标准；

② 课堂教学管理严格，定期开展课堂教学质量的监督与检查，听、评课制度健全，落实到位；

③ 课堂教学秩序良好；

④ 课堂教学效果良好，学生评价好。

（3）实践教学管理。

质量要求：

① 实践教学体系设计科学，符合人才培养需要；

② 严格执行人才培养方案、实验教学大纲和实验教学质量标准；实践教学环节管理规范、严格；

③ 实验开出率达到90%以上，并有一定数量的综合性、设计性实验，有开放性实验室，实验室利用率高；

④ 毕业论文（设计）管理规范，质量高，达到专业的毕业要求。

（4）创新创业教育管理。

质量要求：

① 将创新创业教育贯穿专业人才培养全过程，体系完善；

② 创新创业教育与专业教育有机融合；

③ 注重创新创业能力训练过程和结果评价；

④ 制度保障得力，管理规范，学分认证流程规范，学分认证合理。

4. 学风建设与学生指导

学风建设与学生指导包括：学风建设、指导与服务。责任单位是学工部。

（1）学风建设。

质量要求：

① 有调动学生学习积极性的政策与措施，开展了行之有效的学风建设活动；

② 学风建设成效明显，有浓厚的学习氛围，学生有学习主体意识，养成良好的学习习惯；学生自觉遵守校纪校规，上课出勤率高，作业完成率高，考风良好。

（2）指导与服务。

质量要求：

① 配齐辅导员，按师生比不低于1∶200设置专职辅导员岗位，采取专职为主，专兼结合原则，足额配备；

② 配齐学业班主任；

③ 心理健康教育教师原则上师生比不低于1∶4 000；

④ 学生指导与帮扶体系完善，形成涵盖学习、学科竞赛、实习实训、职业生涯规划、创新创业教育、就业、家庭经济困难学生资助、心理健康咨询等全方位的学生指导与服务体系并建立长效机制；

⑤ 指导与服务的内容丰富，效果明显，学生对指导与服务工作及对自我学习与成长的满意度高。

5. 招生工作

招生工作包括招生计划、招生宣传、录取、生源质量分析。责任单位是招就处。

质量要求：

① 招生计划制订程序规范、合理；

② 招生计划体现学校的规模、结构、质量、效益协调发展；

③ 招生程序规范；

④ 招生宣传效果好；

⑤ 生源质量高，生源质量分析符合实际。

6. 就业工作

就业工作主要包括：毕业生去向落实率、毕业生职业发展情况以及用人单位对毕业生评价反馈。责任单位是招就处。

质量要求：

① 专职就业指导教师和专职就业工作人员按照与应届毕业生比例不低于 1∶500 配备；

② 推动就业工作的措施得力，落实有效；

③ 毕业生去向落实率不低于全省平均水平，并持续增长；

④ 建立校友和用人单位跟踪、反馈机制；

⑤ 毕业生就业岗位分布、就业面向符合培养目标要求；

⑥ 专业对口率高，就业岗位适应性强，发展潜力大；

⑦ 用人单位对毕业生评价高。

7. 第二课堂

第二课堂包括：课外科技、文化、艺术活动，体育、美育、劳动教育，社团建设，社会实践，志愿服务等。责任单位是团委。

质量要求：

① 完善第一课堂与第二课堂密切协同的人才培养机制；

② 抓好学生社团建设，组织开展丰富多彩的课外活动，营造积极向上的校园文化氛围，感染、熏陶和激励学生努力上进；采取措施为学生提供学术指导和竞赛环境，有效支持学生开展课外科技活动；

③ 突出"大众创业、万众创新"，培养学生创新创业能力；

④ 采取有效措施，引导学生积极投身社会实践与志愿服务；

⑤ 课外活动形式多样，学生参与面广，每年有一定数量的省级以上奖项；

⑥ 体育活动内容丰富，能满足不同类型学生锻炼需求，学生体质健康测试合格率达到 85% 以上，开设一定数量的艺术教育和劳动教育课程。

8. 教学档案管理

教学档案管理包括：教学档案的收集、保管、鉴定、利用和统计。责任单位是各二级学院。

质量要求：

① 归档及时，资料齐全，管理规范；

② 管理手段先进，便于查找、利用；

③ 教师个人业务档案完善且及时更新。

四、质量监控的实施

（一）质量监控系统

教学质量监控由教务处和各二级学院、系共同负责实施，按照质量标准，对主要教学环节教学质量，实施校—院—系三级质量常态化监控。其中，二级学院是本单位教学质量监控的责任主体，负责落实主要过程监控，及时发现在专业建设、教学管理、教学过程等方面的问题，并及时反馈和解决。

教务处通过实施以下工作制度，实现教学常态全方位监控。

1. 听评课制度

校领导、校院两级教学督导、二级学院领导、行政管理人员、教师、辅导员等人员应深入课堂，通过随机听课、诊断听课、观摩听课、巡课等方式，及时了解教学状况，发现和解决教学中存在的问题，提高教学管理工作的针对性和有效性。要求有听评课、巡课记录，有反馈。

2. 教学检查制度

教学检查分为学校检查和二级学院自查，分别以规范教学、过程检查、考核质量为重点，组织常规检查和专项督查，常规检查包括课堂教学、实验教学、实践教学等环节和培养方案、教学大纲执行情况、教学秩序巡查等；专项督查包括试卷命题和批阅、毕业论文（设计）和教材质量检查等。通过检查了解教师课堂教学质量，及时解决存在的问题，改进教学工作。要求各项教学检查如期正常进行，有记录，有反馈，有改进。

3. 教学督导制度

强化教学督导队伍建设，构建校院两级教学督导队伍，校级教学督导覆盖所有二级学院主要学科，每个二级学院教学督导不少于 3 人（原则上每个专业应至少有 1 名教学督导），定期开展督教、督学、督管等活动。要求有记录，有反馈。

4. 学生教学信息员制度

加强学生教学信息员组织建设，按班级遴选一定比例的学生教学信息员，定期或不定期反馈关于学生学习、生活方面的问题信息和对教师、管理与教辅部门以及学校的评价、意见建议。要求有记录，有反馈。

5. 评教评学制度

开展学生评教、教师评学，及时了解教师教学、学生学习情况，促进教风学风建设，落实持续改进的长效机制。要求有反馈，有改进。

6. 常态教学信息监控

完善教育质量监测数据填报制度，强化教育教学质量常态化监测。调动教师、学生、督导、管理者、毕业生等多方力量，丰富信息来源与调查手段，广泛收集教学质量信息，包括生源情况、在校生学业状况、应届毕业生教学满意度、毕业生就业去向和质量调查、用人单位满意度调查等。

（二）质量评估系统

质量评估由教育教学质量评估中心负责实施，包括内部评估和外部评估。内部评估包括：课程评估、专业评估和二级学院教学工作目标任务考核评估等；外部评估包括审核评估、专业认证等。通过教学质量评估，获得评估结果，用于教学与管理质量的持续改进。

1. 课程评估

依据《安康学院课程评估方案》对课程进行评估，并推出重点建设课程。

2. 专业评估

依据《安康学院专业评估方案（修订）》，对本科专业进行全面评估，推进专业建设进程。

3. 二级学院教学工作目标任务考核评估

依据《二级学院年度教学工作目标任务考核指标体系》，对二级学院教学工作进行全面评价与考核。

（三）反馈改进系统

质量反馈和改进责任单位是教务处、教育教学质量评估中心，由相关职能部门和各二级学院、系（室）具体执行。在质量反馈改进中应做好以下工作：

① 常态质量监控中发现的问题，能立行立改的应自行及时予以纠正，需要长期整改的，应提出整改措施，并做好相关资料和记录留存；

② 专项督查与评估反馈的问题，应制定预防、纠正和持续改进的措施，形成整改工作方案，报评估中心评估与认证科备案。

教学信息和评估结果及时反馈。通过文件、通报、督导专刊、微信公众号、QQ 工作群等方式及时向有关教学单位和部门反馈教学信息和评估结果，必要时召开教学例会，督促教学问题及时整改。主动向社会发布本科教学质量报告及毕业生就业质量报告，接受社会监督。

为确保教学质量持续改进成效，教务处、教育教学质量评估中心负责督促相关职能部门和各二级学院、系（室）落实教学激励制度、教学约束和惩戒制度和教学质量持续改进制度。

质量反馈改进由教务处、教育教学质量评估中心负责监督。应做好以下工作：

① 定期检查各单位教学问题整改销号台账,督查常态化监控及整改工作情况；

② 收集和汇总各职能部门和各二级学院、系（室）在专项质量监控和评估中制定的整改工作方案，并予以监督落实，定期将跟踪检查情况反馈相关单位负责人，重大事项上报教学委员会和校长办公会、学校党委会。

第二节 面向质量文化的质量标准

面向质量文化的质量标准设计是一项系统而复杂的工作，旨在将质量理念和价值观融入具体的标准中，以引导和规范组织的行为，促进质量文化的落地和持续发展，最终实现学校的高质量发展目标。安康学院在培育质量文化的过程中，形成了一套融入新理念（如"学生中心、产出导向、持续改进"、多元评价、教育实践"三习"贯通与四个覆盖等）的质量标准，现举例如下。

一、课堂教学环节质量标准

课堂教学是理论课教学的核心环节，也是教学活动的基本组织形式。教师教学要落实学生中心理念，做到教学目标明确、内容组织合理、学理性强、重点突出、条理清晰、方法得当、语言准确、联系实际、实施课程思政、注重师生互动、严格课堂管理，使学生在品德、知识、能力、综合素养方面得到提升，学生产出达到预期。

（一）课堂教学基本要求

① 教师应依据教学大纲认真授课，按教学进度表开展教学，按时上下课，调课应提前办理调课手续。第一堂课简要介绍教学计划及大纲，详细说明考核要求。

② 教学设计体现"学生中心、产出导向、持续改进"理念，教学目标表述清晰、合理、可测、可达成，教学内容充实、系统，重视"两性一度"，重视联系行业、社会和生活实际，举例贴切，教学反思充分，查找问题准确，改进措施有效、可行。

③ 教学方法灵活多样，适合于教学内容和学生实际，有利于教学目标的实现。鼓励采用项目式、案例式、探究式等教学方法。

④ 严格课堂管理，明确纪律要求，内容组织紧凑，张弛有度，有效开展师生互动，营造良好的学习氛围。

⑤ 教师应结合课程特点，合理应用信息技术开展教学，并有意识加强资源建设。

⑥ 教师应以立德树人为根本任务，落实课程思政，充分发挥教书育人功能，突出能力培养和社会主义核心价值导向。

⑦ 教学中注重因材施教，注重调动学生学习的积极性、主动性和创造性，注重对学生学习能力、思维能力、实践能力和创新能力的培养。

⑧ 注重教学反思，实时关注课堂反应，并及时调整教学策略，通过讨论、问答、操作、练习、随堂测验、问卷调查等方式获取教学反馈信息，设计改进策略。

（二）课堂教学质量标准（见表 3-1）

表 3-1 课堂教学质量标准

一级指标	二级指标	质量标准
1. 教学态度	1.1 师德修养	1. 政治立场坚定，能积极践行社会主义核心价值观； 2. 贯彻党的教育方针，以立德树人为己任，立志成为有理想信念、有道德情操、有扎实学识、有仁爱之心的好老师
	1.2 教育情怀	1. 热爱教育事业，乐于从教，认同教师工作的意义和专业性； 2. 具有积极的情感、端正的态度、正确的价值观，具有良好的人文底蕴和科学精神； 3. 尊重学生人格，富有爱心、责任心，工作细心、耐心，做学生锤炼品格、学习知识、培养能力、创新思维、奉献祖国的引路人
2. 教学目标	2.1 教学目标	依据教学大纲设计每节课的教学目标，有明确的知识、能力、素养目标，按照教学目标组织教学内容和教学活动
	2.2 思政目标	结合教学内容适当设计思政目标，有意识落实课程思政

续表

一级指标	二级指标	质量标准
3. 教学内容	3.1 思想性	注重挖掘课程思政元素，并将其巧妙融入教学内容，帮助学生树立正确的世界观、人生观、价值观
	3.2 高阶性	将知识、能力、素质有机融合，培养学生解决复杂问题的综合能力和高级思维
	3.3 创新性	课程内容反映前沿性和时代性，培养学生主动探究能力
	3.4 挑战度	课程内容有一定难度，老师教学设计精心，对学生遇到的困难有预判和难点突破措施
4. 教学方法	4.1 多样性	教学方法灵活多样，有效促进教学目标的实现。鼓励采用项目式、案例式、探究式等教学方法
	4.2 针对性	能够根据课程特点和不同的学生状况因材施教，能够根据不同的教学内容选择不同的教学方法
	4.3 时代性	1. 体现现代教育思想、教育理念，熟练运用现代教育技术等教学辅助手段，有意识地进行数字化教学资源建设，富有时代气息； 2. 合理运用各种现代教育技术手段，创新授课方式，效果良好
	4.4 学法指导	能够结合教学内容对学生学习方法和研究方法给予指导，指导正确、有效
5. 教学组织	5.1 导入新课	按照知识点衔接关系自然导入新课，有一定目的性，联系实际应用，能激发学生学习兴趣
	5.2 讲授新课	1. 新课讲授过程中知识衔接逻辑性强，讲解生动，贯彻少而精的原则，做到突出重点，难点讲清； 2. 能够通过双边活动适时调整课堂节奏，吸引学生的注意力、张驰有度
	5.3 归纳总结	小结清晰、准确，突出重点知识方法的总结，富有启发性
	5.4 复习巩固	1. 课后复习或习题课，注重知识之间的逻辑联系，侧重培养学生综合运用所学知识解决问题的能力培养； 2. 训练题目设计目的性强，侧重学生能力达成情况的评价，可采用口试、实验、解题、观点阐述等多种形式，及时记录学生的表现

续表

一级指标	二级指标	质量标准
6. 教学技能	6.1 教态	1. 衣冠整洁，仪表端庄，富有亲和力，举止得体； 2. 教态自然，为人师表
	6.2 语言	1. 语言准确、简洁、流畅，讲普通话，声音洪亮、清晰； 2. 语速适中，表达生动形象，富有逻辑性，抑扬顿挫； 3. 恰当运用肢体、表情语言，以情感人
	6.3 板书	1. 字体工整、美观、规范、清晰，有条理、突出重点，简洁易记； 2. 课件布局合理，画面清晰、准确、美观
	6.4 课堂组织	严格课堂管理，严管与厚爱结合，师生充分互动，学生课堂参与度高，教学活动生动有趣，营造良好的学习气氛
7. 教学效果	7.1 学习表现	1. 学生到课率、抬头率高，学习兴趣浓厚，教学秩序好； 2. 学生积极参与教学活动，师生互动交流效果好
	7.2 学习成果	学生有效掌握了课堂教学内容，达到预期教学目标，学生满意度高，获得感强
8. 教学特色	8.1 艺术性	拥有个人独特的教学风格，课堂教学具有艺术性，应用自然、得体，富有感染力
	8.2 创新性	尝试混合教学、翻转课堂等新模式，注重教学方法创新，恰当运用信息技术，积极投入课堂革命
9. 教学反思	9.1 反馈	常态化、多角度收集学生学习状态的反馈信息，及时听取学生对课程教学的意见、要求与建议
	9.2 改进	设计切实可行的教学改进方案，提高课堂教学效果

二、课程考核环节质量标准

课程考核是检查学生教学目的达成情况的主要方式，也是及时调整优化教学内容、方法、节奏，改进教学质量的主要依据。考核重点关注学生的学习产出，贯彻学生中心思想，测量学生"学"的质量，及时进行学法指导，促使学习方法的持续改进，间接反映教师"教"的质量，获取改进信息，促使教学方法的持续改进。

（一）课程考核基本要求

① 课程考核要以大纲为依据，紧紧围绕课程目标合理设计考核内容，重点反映本课程的基本要求。考核目标向能力评价转变，考核内容向应用性转变，考核方式向多样化转变，成绩评定向综合性转变。坚持形成性考核与终结性考核相结合，完善过程监测、评估与反馈机制。

② 注重学生综合应用能力考核，针对能力目标恰当运用笔试、非笔试考核方式，尝试使用口试、实操、非标准答案考试等多种形式，综合考核学生的知识应用能力产出情况，以考促学，激励学生刻苦学习。

③ 能客观、准确、有效地评价学生的知识和能力，衡量课程目标的达成度。

④ 严格考试纪律、严把毕业出口关，端正学生的学习态度，养成良好的学习习惯，加强诚信教育，帮助学生树立正确的考试观。

⑤ 非笔试考核要依据教学大纲，围绕课程目标和教学内容，做好考核方式、考核内容及评价标准设计，制定非笔试考核课程考核方案，收集必要的考核过程材料并归档保存。

⑥ 撰写课程目标的达成度分析报告。通过课程目标的达成度分析，持续改进教学与考核，促进达成评价的科学化、合理化。

（二）课程考核质量标准（见表3-2）

表3-2 课程考核质量标准

一级指标	二级指标	质量标准
1. 考试组织	1.1 考务管理	安排校、院两级专职人员具体负责考务管理工作，职责明确，各司其职
	1.2 考试安排	1. 根据教学进程，合理安排考试日程，明确具体要求； 2. 发布详细的考试时间、地点、监考人员、考生、要求等安排，考场设置科学合理

续表

一级指标	二级指标	质量标准
1. 考试组织	1.3 试卷归档	1. 试卷装订统一规范，填写完整、具体； 2. 归档材料齐全，由专人负责保管存档。试卷考核归档材料包括考场记录表、平时成绩登记表、过程性考核资料、课程考核命题审核表、样卷、评分标准、成绩登记表、课程目标达成评价分析报告、答卷等；非试卷考核归档材料包括非笔试考核课程考核方案、课程考核评价依据合理性审核表、平时成绩登记表、过程性与终结性考核资料、成绩登记表、课程目标达成评价分析报告等
2. 考核方案设计	笔试 2.1 命题原则	1. 依据课程大纲命题，题目指向课程目标，全面反映本课程基本要求，题意描述准确，无学术性错误； 2. 命题兼具深度与广度，考查学生对基本知识、基本理论与基本技能的理解和掌握情况；考查学生运用基本理论与技能分析和解决问题的能力；考查学生的创新精神和实践能力；反映出学生在识记、分析、创造性方面的差异； 3. 命题注意难度控制，各种难度题目分布合理，且由浅入深，份量适当，突出应用性，考核灵活运用能力的题目要占据一定比例
	笔试 2.2 试题类型	为强化能力考核，试题类型应多样灵活，题型可选用选择、填空、判断、计算、问答、证明、案例分析、作图等
	非笔试 2.3 考核方案	教师须以课程教学大纲规定的知识内容、能力培养及相关的教学目标要求为依据，在考核前向开课学院提供该门课程考核方案（含成绩评定标准），其内容主要包括课程代码、课程名称、考核对象、考核目的、考核内容、考核方式、评分标准、监考人员及考核时间等，经开课学院审核、备案后，方可组织实施
3. 考核过程	3.1 监考	监考人员坚守岗位，认真落实岗位职责，严肃考试纪律，认真填写考场记录表
	3.2 领卷、分卷与收卷	明确印制、分装、保管、分发和回收等环节的工作流程，落实相关人员责任，切实做好试卷保密工作，严防泄密。监考人员按要求提前领取试卷并准时发放，及时收卷上交，保证各环节规范、有序

续表

一级指标	二级指标	质量标准
3. 考核过程	3.3 巡考	有二级学院领导及教学管理人员参与巡考，能认真履行巡考职责，及时发现和妥善处理考试违纪行为及其他异常情况与问题
4. 成绩评定	4.1 平时成绩	成绩评定要重视过程评价与结果评价有机结合，平时表现性考核记录完整认真，成绩核算准确，各项成绩计算比例按教学大纲执行
	4.2 评分标准	有评分标准，包括每题的正确答案或答案要点、赋分依据。评分标准具体、明确，可操作性强
	4.3 成绩评定	1. 有 2 名及以上教师任课的试卷应组织集体评阅； 2. 能严格按照评分标准进行阅卷或评价； 3. 评分客观公正，核分准确无误，错误更正处下方签全名； 4. 阅卷或评价结束后，教师对试卷的评阅情况应及时进行复核，严防误判、漏判； 5. 计算机类公共课采用上机操作方式进行考核，系统随机组题自动评分；舞蹈、声乐、钢琴、体育项目等课程中以表演方式进行的考核，建议由2~3名教师同时评价，并对表演过程逐一进行录音录像；课程设计、绘画、写生等课程中以作品方式进行的考核，须对作品等材料进行存档；见习、实习、采风、社会实践等课程中以总结报告方式进行考核，要求过程化考核评价与单位鉴定、总结报告等相结合
	4.4 成绩录入	按规定时间和要求及时准确录入学生成绩
5. 持续改进	5.1 课程目标达成度分析	依据考核结果进行定量或定性的达成度分析，认真撰写课程目标达成评价分析报告，找准存在的问题，提出有效且可操作的改进学习、提高教学质量的措施
	5.2 持续改进	按照课程目标达成评价分析报告，在新一期课程教学过程中落实改进措施

三、实训教学环节质量标准

实训是按照人才培养方案和实训教学大纲模仿真实的职业环境，由学生亲身实践操作性项目以训练实操能力的专项训练，通过训练使学生获得生产、建设、管理、服务一线的专业岗位所需的基本操作技能和专业技能，最终提升其职业素养、职业能力和就业竞争力，是所学理论与实践相结合的重要教学环节，是培养应用型人才的重要途径。

（一）实训教学基本要求

（1）二级学院负责制定实训教学管理文件，指导系（教研室）做好实训大纲、实训项目、经费预算和安排指导教师等各环节的组织管理，加强对实训教学监督检查，确保实训质量。

（2）各类实训必须单独制定实训大纲，对实训项目、实训内容、目标任务、考核方式、场地器材等有明确具体的规定和要求。

（3）二级学院根据专业特点和人才培养目标定位，建立相对稳定的实训室和实训基地，有配套的实训指导书，确保实训项目落到实处。

（4）每次实训前指导教师应根据大纲要求制订具体实施计划，明确实训教学目标、教学内容与要求、考核依据、评价标准、时间、地点、分组情况、安全教育等，并提前到实训室（基地）具体落实和完善。

（5）不断探索对实训考核方式的改革，提高考核实效。依据实训项目性质和特点，实行过程考核和结果考核相结合，包括笔试、口试、操作、报告等多种形式的多元考核方式，建立科学完善的实训考核体系。

（6）实训结束后要撰写总结报告，反思实训过程的得失，提出改进意见。

（7）整理过程材料归档。过程材料一般由工作安排、课程目标达成评价报告，考核方案（评分标准），过程记录（学生日志、考勤表等），学生成果（作品、论文、报告等）等部分组成。

(二)实训教学质量标准(见表 3-3)

表 3-3　实训教学质量标准

一级指标	二级指标	质量标准
1. 实训准备	1.1 教学文件	1. 二级学院实训教学管理规章制度健全并执行良好; 2. 实训教学大纲、实训指导书、考核标准等配套教学文件规范、齐全; 3. 教师对大纲解读正确,对实训项目目标任务、重点和难点、知识技能要点清晰明了
	1.2 实训教材	1. 选用或编写与专业人才培养目标适应配套的优秀实训教材或指导书; 2. 教师对大纲中各实训项目理论依据、目标任务、知识能力要点、场地条件要求预先熟悉
	1.3 计划安排	1. 依据大纲安排实训项目,科学制订实训教学项目进度计划和实施方案; 2. 对实训内容、目标任务、进程安排、人员分组、安全措施、考核方式与评价标准等方面有明确的规定; 3. 召开实训准备动员会
	1.4 指导教师	1. 熟悉与本专业有关的企事业单位的生产、管理、经营、建设和发展实际; 2. 能引导学生深入实际,学习生产技术管理,学会主要工艺流程的一般操作技能; 3. 熟悉生产过程的各个环节,学会如何发现问题、掌握解决问题的方法
	1.5 条件保障	1. 所需场地条件、设备器材、耗材数量、质量满足实训要求; 2. 校外实训交通、食宿、安全、卫生条件有保障
2. 实训过程	2.1 实训指导	1. 指导教师在实训过程中,应充分发挥学生的主观能动性,精心检查、耐心指导、严格要求; 2. 注重对学生的实践动手能力、独立工作能力、分析和解决实际问题的能力、社会交往能力、自我约束等能力的培养
	2.2 内容安排	实训内容充实,目的性强,符合计划目标任务,学生有充分动手练习的机会,学生实践操作和应用能力显著增强

续表

一级指标	二级指标	质量标准
2. 实训过程	2.3 实训组织	1. 实训组织严密，环节紧凑、衔接性好，时间分配合理，效率高； 2. 学生思想重视，态度端正，操作规范，记录系统认真，纪律性好，无安全事故
3. 总结考核	3.1 成绩考核	1. 有科学的成绩评定依据和评分办法，突出应用能力培养特点； 2. 考核方式灵活多样，过程考核与结果考核相结合； 3. 成绩分布合理，符合学生真实水平
	3.2 总结报告	1. 教师及时查阅学生实训日志、记录，按时收缴、评阅实训报告； 2. 完成课程目标达成评价报告，有针对问题的建设性整改措施，并在下一届实训中落实改进
4. 资料归档	4.1 教学资料	及时认真填写各种实训教学资料，资料完整、内容翔实、工整规范
	4.2 教学档案	定期做好各类实训教学资料的归类整理

四、教育见习环节质量标准

教育见习是师范类专业教育实践的初始环节。目的是带师范生进入见习学校，体验真实教学环境，通过观摩、反思、接触、交流等方式，了解学校的组织运行机制，了解教师的职业活动和学生的学习活动，熟悉教师工作情境与职业素养要求、学生学情、教育设施条件与环境、教育活动、班级管理、课堂教学活动、教研活动等方面的内容，获得对教师职业活动的感性认知，为师德养成、教育实习和专业学习奠定初步的必要的基础。

（一）教育见习基本要求

（1）通过见习学校的整体感知，使学生感受教育设施条件和环境的发展变化；了解学校组织架构；近距离接触、观察和访谈学生；深切体悟教师工作特性，形成积极的师德感悟与体验。

（2）通过教学见习，了解课堂教学的组织形式；掌握课堂教学各个环节的实施要点；了解教学内容，参与听评课。

（3）通过班级管理见习，知晓班级管理的工作内容与模式；了解班队活动组织方式；了解班集体、学生小群体和学生个体的心理与思想状况。

（4）通过教研活动见习，了解教研活动的组织形式；了解教研活动的组织与开展过程；了解教研活动的基本要素、内涵、特征。

（二）教育见习质量标准（见表3-4）

表3-4 教育见习质量标准

一级指标	二级指标	质量标准
1. 见习准备	1.1 见习大纲	有规范的见习大纲，大纲覆盖师德、教学、育人和发展四项基本内容与目标
	1.2 组织动员	1. 计划内容翔实、进度安排合理，目标任务明确； 2. 见习前有动员、有周密的安全防范预案； 3. 学生分组及人员安排合理，沿途线路设计科学
	1.3 基地条件	1. 有稳定的见习基地学校，基地学校教学水平高，管理规范，办学社会声誉好，符合本专业教育见习的各项要求； 2. 具备接待教育见习的各项条件
	1.4 教师配备	1. 合理配备带队、指导教师； 2. 配备的带队、指导教师要熟悉中小学教育工作，能够指导学生围绕见习重点，形成积极的体验与感悟
2. 见习过程	2.1 工作组织	1. 见习各环节安排细致周密； 2. 目标任务明确、内容充实，符合专业特点； 3. 双方相互配合好，沟通交流及时，信息畅通； 4. 基地学校对见习学生接待主动热情，积极性高； 5. 基地学校重视，准备充分，由专人负责，专人指导； 6. 基地学校能有效配合见习带队教师做好见习期间的教学组织安排，提供良好的工作、生活保障
	2.2 课堂观摩	1. 详细观摩课堂教学，有完整的观摩记录和学习体会； 2. 听课任务饱满，时间安排紧凑
	2.3 班务见习	1. 安排有一定数量的全程观摩体验班务管理工作和学生专题活动； 2. 有详细的活动、家访、谈话记录，有心得体会或班级管理体验性报告

续表

一级指标	二级指标	质量标准
2. 见习过程	2.4 教研见习	1. 安排较高质量的教研活动供观摩； 2. 形成教研典型案例报告
	2.5 日志、报告	1. 学生见习日志记录详细、及时，有积极的心得体会； 2. 指导教师检查批阅及时认真，体现指导过程； 3. 教育见习报告书写工整规范，数据翔实正确，系统性强，质量高
3. 总结改进	3.1 工作总结	教师认真撰写见习目标达成评价报告，全面总结教育见习工作得失和分析原因，合理设计改进措施
	3.2 信息反馈	能及时将见习工作的困难、成效与不足向二级学院教学副院长、学生进行反馈，提出改进意见
4. 考核评定	4.1 考核依据	依据见习大纲，设计完善的评定方案（含成绩评定标准），定性和定量评定相结合、目标任务考核与过程考核相结合，全面客观地反映见习质量
	4.2 考核结果	1. 成绩评定过程要充分结合学生个人表现、指导教师和见习单位的意见，从师德感悟、教学体验、育人体验、教研体验四个方面客观评价； 2. 成绩分布合理，能如实客观地反映学生的真实情况； 3. 各种项目的填写、签字齐全
5. 资料归档	5.1 教学资料	及时收集完成各项教育见习资料，确保内容翔实、工整规范，项目齐全，无逻辑性错误
	5.2 教学档案	及时做好教育见习资料的收集整理归档工作，确保档案完整

五、教育实习环节质量标准

教育实习是师范类专业教育实践的第二环节。使师范生置身于真实的学校教育环境，在双导师指导下亲身参与课堂教学、班级管理、教研活动、践行师德，独立完成一定的教育教学实践任务，检验专业的理论知识、教育教学技能的掌握情况，获得教育教学的基本能力，初步形成教师专业实践素养。

（一）教育实习基本要求

（1）践行师德。熟悉教师职业规范，加强对教师职业的认同感、自豪感，形成忠诚于教育事业的职业道德修养。

（2）学会教学。了解本学科教学的基本规律与特点，掌握分析教材、处理教材的一般方法，获得运用科学的教学方法、手段有效实施教学的能力，锻炼教师职业技能。

（3）学会育人。掌握班主任工作一般理论与方法，了解班级管理规律、方法和手段，形成观察了解学生、分析学生、组织引导学生、帮助学生发展的工作能力。

（4）学会发展。参与教学改革，熟悉各级各类课程标准、教材建设、教学模式，加强教育理论的理解运用，训练教学研究能力、分析解决教学问题能力，初步养成团队合作精神。

（5）反思不足。检验自身的理论知识和职业技能掌握和运用情况，思考自身与当前教育改革发展要求的差距，明确需要努力方向。

（6）教育调查。了解我国教育现状和发展趋势，熟悉所在实习学校的管理特点。

（二）教育实习质量标准（见表3-5）

表3-5　教育实习质量标准

一级指标	二级指标	质量标准
1. 实习准备	1.1 管理文件	1. 学校有关教育实习管理文件、规章制度齐全； 2. 实习大纲、实习手册、安全防范预案等文件规范齐全
	1.2 计划安排	1. 教务处实习计划制订翔实，各实习点学生分组安排、实习指导教师配备科学合理； 2. 实习目的、任务要求明确，各阶段内容安排丰富； 3. 质量标准、考核指标、保障措施切实有效
	1.3 实习基地	1. 建设有稳定的教育实习基地学校，基地学校层次结构、地域布局合理，省、市、县级重点学校比例不低于25%； 2. 实习学校资源丰富，教学水平高，管理规范，办学社会声誉好，符合教育实习的各项条件要求； 3. 具备接待教育实习的各项条件

续表

一级指标	二级指标	质量标准
1. 实习准备	1.4 师资配备	1. 带队教师数量、结构配备合理，业务精湛； 2. 带队教师熟悉基础教育，熟悉幼儿园、中小学教学一线工作实际，满足教育实习要求
	1.5 实习动员	1. 二级学院实习动员工作扎实，组织学生进行制度文件学习，任务要求、注意事项强调到位，有切实可行的安全防范措施预案； 2. 外出实习需进行安全审批，必要时需与学生签订安全承诺书
2. 实习指导	2.1 指导准备	1. 带队教师需要提前了解实习学校和所带实习生基本情况； 2. 与实习学校及时做好联系协调工作，开好实习预备会； 3. 做好本实习点工作计划、人员分组、任务分配、资料发放等工作
	2.2 实习指导	1. 带队教师责任心强，坚守工作岗位； 2. 指导工作细致耐心，与实习学校保持良好沟通，联系及时密切； 3. 配合实习学校创新性地开展好各项实习工作，随时掌握实习生的思想、工作、学习和生活状态，对分散实习的学生，要通过 QQ、微信等信息化手段结合实地检查等多种形式，了解教育实习进展情况，解决学生实习中遇到的困难； 4. 对学生听课、教案、课堂教学、作业批改、答疑辅导、班务管理、课外活动等方面进行定期检查和阶段性工作小结，及时总结经验，查找不足； 5. 及时调整工作方向和思路，针对存在的问题，做好整改，指导学生完成各项实习任务
3. 实习检查	3.1 日常检查	指导教师对学生要求严格、指导细致耐心，经常性地深入学生中，开展安全监督和检查工作，随时掌握学生实习和生活中存在问题，了解学生思想动态，及时处理各类突发事件
	3.2 中期检查	1. 教务处统一组织，各检查组人员配备、路线设计合理，经济高效； 2. 检查人员能深入教学一线，检查内容详尽科学，能准确掌握实习进度和任务完成情况，客观反映实习效果与存在的问题，及时予以交流推广并加以改进和提高； 3. 检查组能很好地现场处理解决师生实习期间的困难和需求

续表

一级指标	二级指标	质量标准
4. 实习过程	4.1 践行师德	1. 遵守本校和实习学校的各项规章制度，严于律己，注重维护学校良好形象； 2. 注意仪容仪表，举止端庄，语言文明，团结同学，尊敬师长
	4.2 课堂教学	1. 教学态度认真，思想重视； 2. 深刻领会课程标准，钻研教材； 3. 备课认真，教案完整规范，主讲课程备课30课时以上； 4. 掌握课堂教学要领，教学环节齐全，基本功扎实，重点突出，难点处理得当，内容科学系统，讲课效果好； 5. 课后辅导答疑、作业批改及时认真，师生评价效果好
	4.3 班务工作	1. 熟悉实习班级情况特点，积极配合班主任制订班务工作计划并开展工作； 2. 至少独立主持1次班集体活动,召开1次主题班会； 3. 积极开展个别教育活动，对学习、生活有困难的学生进行家访、谈话和帮扶活动，成效显著
	4.4 教研工作	1. 参与教研活动，参与听课与评课，及时开展课后反思； 2. 有意识地进行课堂观察和个案分析等研究活动； 3. 开展教育教学调查研究； 4. 参与数字化教学资源建设
5. 实习成效	5.1 学生评价	1. 学生综合素质得到大幅提高，业务工作能力显著增强； 2. 对学科专业理解力、教师职业认同感显著提高，收获明显，学生对实习总体评价高
	5.2 社会评价	实习学校对学生工作态度、责任心、纪律性、业务能力、教学效果以及实习组织管理等方面总体评价高
6. 总结考核	6.1 分组总结	带队教师及时、认真、客观、全面总结实习点、实习小组工作，材料数据翔实具体，撰写实习目标达成评价报告，对实习经验、成果和不足分析到位，提出切实可行的改进措施
	6.2 评优奖励	1. 在全面总结的基础上，对表现突出的带队教师和实习生予以表彰奖励； 2. 召开总结大会，交流典型事迹、事例和经验

续表

一级指标	二级指标	质量标准
6. 总结考核	6.3 成绩评定	1. 依据实习大纲设计合理完善的评定方案（含评价标准），采用定性和定量评价相结合方式，综合反映教育实习质量； 2. 考核成绩应综合个人评价、实习小组评议、双方导师和实习学校的意见，评定过程做到公开、公正、透明、客观
7. 资料归档	7.1 教学资料	认真完成实习计划、实习手册、成绩鉴定、实习总结、实习目标达成分析报告等各项实习资料，内容翔实、工整规范，要素齐全
	7.2 教学档案	教育实习相关档案制度完善，及时做好各类教育实习材料的收集整理归档工作

六、教育研习环节质量标准

教育研习是师范类专业教育实践的第三环节。实习生结束实习返校后，在教师指导下，对教育实习工作开展实践反思与理性探究，包括实习生本人及其同组实习生、双方指导教师的教育教学理念、方法、手段等，其内容需包括名师师德案例研究、优秀教学设计与教学案例研究、有效班级管理研究、课程与教学问题研究等，研习方式包括观摩研讨、小组讨论、反思交流、专题研究等。

（一）教育研习基本要求

（1）研习时间不少于2周。

（2）通过教育研习，学生应达到如下目标：

① 通过对实习学校师德先进典型的事迹研究，提升师德感悟，巩固从教意愿，树立为基础教育事业而奋斗的理想信念。

② 通过对教学工作实习的研究，巩固专业知识，提高教学基本技能，提升自身的学科教学能力与教学理念。

③ 通过对班主任工作实习的研究,巩固专业态度,提高班级经营能力,提升自身的教育理念。

④ 通过对教育科研工作实习的研究,提高发现问题、分析问题、解决问题的基本能力,提升教育科学研究的质量与水平。

(3)对教学工作实习的研究侧重于师范生教学技能的发展状况。教学技能包括:教学设计技能、教学实施技能、教学评价技能。教学实施技能又包括语言表达、板书板画、导入结束、讲解、提问、实验演示与操作、课件制作与使用等技能;教学评价技能又包括对课的评价(评课、说课)、对教的评价(目标达成评价、教学活动设计的合理性评价等)、对学的评价(知识理解程度、思维参与程度)等。

(4)对班主任工作实习的研究侧重师范生班级经营能力的发展状况。班级经营能力包括:班级常规管理、班级活动组织、学生思想教育等。

(5)对教育科研工作实习的研究侧重于师范生基本科研素质的发展状况。基本科研素质包括:选题论证、研究设计、实施过程以及结果表述等。

(6)教育研习工作可涉及实习过程的方方面面,研习工作应依托下列资源有序开展。

① 视频资源:师范生的教学视频、实习学校教师的教学视频,以及其他教育活动视频。

② 文本资源:与教育实习工作任务相关的各种文档。

(7)坚持"为用而研,为教而研"的基本原则,重点开展教学视频研究和教学设计的文本研究,逐步开发、积累视频案例与教育教学案例。

(8)在教师的指导下,研习结束后2天以内,师范生应该上交1份研习工作总结材料,其中必须包括研习报告1份。

(9)指导研习工作的教师在研习结束后1周以内,上交1份研习指导工作总结材料,其中必须包括研习指导纪要1份。

（二）教育研习质量标准（见表3-6）

表3-6 教育研习质量标准

一级指标	二级指标	质量标准
1. 研习准备	1.1 研习方案	在教师指导下，制订研习方案。内容翔实，计划性、可行性强
	1.2 材料准备	基础教育师德先进典型的事迹、教学案例视频、教学设计、课后反思、教学后记、班级管理或学生思想教育案例材料、教学叙事、实习体会、教研活动案例等研习材料准备充分
	1.3 师资配备	指导教师熟悉基础教育现状、基础教育基本规律，拥有较丰富的教育教学经验。原则上每位指导教师所指导的学生人数不超过15名
2. 研习指导	2.1 指导准备	指导教师态度认真，准备充分，按照教育研习教学大纲设计研习计划
	2.2 研习指导	指导教师对学生要求严格、指导细致耐心，落实课程目标，坚持以学生为中心，创设学生共同参与的研究氛围
3. 研习过程	3.1 参与度	在研习中，学生积极发言，主动参与讨论。学生收获大
	3.2 问题与观点	学生能从材料中发现问题、提炼观点
	3.3 语言表达	学生思路清晰、观点表达充分、语言流畅
4. 研习报告	4.1 报告格式	研习报告形式规范，层次清晰，逻辑结构严谨
	4.2 报告内容	研习报告内容充实，体现对教育实践活动的深刻反思，观点鲜明
5. 总结考核	5.1 成绩评定	1. 依据研习大纲设计合理完善的成绩评定方案（含评价标准），坚持定性和定量评定相结合，能综合反映教育研习收获； 2. 综合教师评价与学生互评成绩，考查点包括研习材料准备充分性、研习过程表现和研习成果报告三个方面，评定标准包含师德感悟、教学能力、育人水平、教研能力四个观测点
	5.2 研习总结	1. 教师研习指导纪要翔实，有针对性； 2. 工作总结内容充实，反思研习指导中出现的问题，给出可行的整改措施，以便持续改进研习指导工作

第三节 专业评估

为进一步推动专业综合改革，强化专业内涵建设，深化教学改革，培育专业特色，完善内部质量保障体系，提高本科专业的教育教学质量和人才培养质量，推动各类专业认证工作，安康学院定期开展专业评估工作，培育专业建设持续改进的质量文化。

一、指导思想

以习近平新时代中国特色社会主义思想、习近平总书记关于教育的重要论述，教育规划纲要等为指导，坚持"学生中心、产出导向、持续改进"理念，通过实施专业评估，推进专业内涵建设，提升专业人才培养质量，提高服务地方经济、社会发展的契合度和满意度。

二、基本原则

（1）导向性原则。根据专业发展和培养目标，在全面检查专业建设情况的基础上，总结专业建设的成绩和经验，发现存在的问题与不足，加强分类指导，采取有效措施，持续改进，引导各专业实现高质量发展。

（2）科学性原则。依据国家有关方针政策和学校办学定位，遵循高等教育教学规律，努力适应经济社会发展对本科人才培养的要求，借鉴国内外高校本科专业建设的先进经验，制定评估指标体系，努力实现专业评估的科学性。

（3）实证性原则。注重依据事实作出判断，依据数据采集和分析，强调现场考察和调查，以数据为基础、以事实为根据。

（4）主体性原则。二级学院是人才培养质量的责任主体，通过专业自我评估，促进二级学院增强质量主体意识。学校在二级学院自评的基础上组织开展专业评估。

三、评估的组织实施

（1）专业评估分批次进行，原则上各二级学院每年至少1个专业参加评估，三年评估一轮。

（2）二级学院自评是专业评估工作的基础，学院应邀请各利益相关方广泛参与。对照评估指标体系，全面反思，认真、细致、客观地做好自评工作，期间要做好资料收集、经验总结，明确不足，设计相应的改进措施。

（3）各二级学院在全面自评基础上，撰写专业自评报告，并将自评报告及支撑材料报送评估中心。

（4）学校专业评估工作的基本程序：

① 成立专业评估专家组，召开专题工作会议，部署评估工作。

② 专家组成员审阅自评报告及支撑材料。

③ 专家组进行实地考察。各二级学院专业负责人向专家组汇报，接受专家组质询，专家组听课、调阅相关资料、访谈师生等。

④ 评估专家形成个人评估报告，专家组形成专业评估等级和专业评估报告。

⑤ 教学委员会审定专业评估等级和专业评估报告。

⑥ 学校对专业评估中发现的问题进行反馈，并提出改进意见。对评估结论为"优秀"的专业，推广先进经验。

四、评估指标体系与等级标准

1. 评估指标体系

评估指标体系设置一级指标6项和自选特色指标1项；二级指标31项，其中核心指标14项（标注有◆项）；一般指标17项，共73个观测点（详见表3-7）。

表 3-7 安康学院专业评估指标体系及等级标准

一级指标	二级指标	评估标准	
		A 级	C 级
1. 定位与目标	1.1 专业定位与目标	1. 有明确充分的专业设置依据和论证，专业口径、布局符合学校的定位； 2. 能根据学校的办学定位、办学条件、发展潜力及行业和社会需求确定专业人才的培养类型和服务面向等	1. 专业设置符合学校发展定位； 2. 专业定位明确，专业口径基本符合改革和发展需要
	1.2 建设规划	1. 有清晰的专业改革发展思路； 2. 制定有切实可行的专业改革发展规划，各阶段建设目标明确、措施创新且有效、成效显著	1. 有专业改革发展思路； 2. 有专业发展规划和分期建设目标，有措施、有一定成效
	◆1.3 培养目标与培养方案	1. 专业人才培养目标定位表述清晰、适当、科学，符合学校办学定位与人才培养总目标，适应区域经济发展对人才培养的需要，具有明确的服务面向；培养模式有特色、有成效，反映学生毕业后 5 年左右在社会和专业领域的发展预期，得到学生、教师、教学管理人员及其他利益相关方的理解和认同； 2. 定期对培养目标的合理性进行评价，并能够根据评价结果对培养目标进行必要修订。评价和修订过程应有利益相关方参与	1. 人才培养目标和培养模式符合实际需要； 2. 定期对培养目标的合理性进行评价，并能够根据评价结果对培养目标进行必要修订
	1.4 专业特色与发展前景	专业建设优势明显，特色突出，成果示范辐射作用显著，在同类学校或同类专业中有较大影响，发展前景好	专业建设优势一般，在本地区有一定影响

续表

一级指标	二级指标	评估标准	
		A级	C级
2. 师资队伍	2.1 师德师风	热爱教育事业，工作认真负责，治学严谨，执教严格，关心爱护学生，遵守各类规章制度，教师获校级以上师德表彰，近三年无教学事故，未发生师德师风负面清单上的行为或事件	治学较严谨，能够较好地完成教育教学工作，近三年无教学事故，未发生师德师风负面清单上的行为或事件
	2.2 专业负责人	专业负责人具有教授职称及硕士以上学历或博士、副教授，且具有高学历专业与本专业一致，熟悉本学科专业领域发展态势，发表有3篇以上较高水平的论文，具有较高学术造诣和学术水平，在同行中有一定知名度	专业负责人具有讲师职称及硕士以上学历或博士学位，且具有高学历专业与本专业一致，熟悉本学科专业领域发展态势，发表有1篇以上较高水平的论文，具有较高学术造诣和学术水平
	◆2.3 数量与结构	1. 生师比≤16∶1（艺术体育类专业9∶1）； 2. 专任教师中具有高级职称以上的比例≥40%； SF：高级职称教师占比高于全校平均水平5个百分点； 3. 专任教师中具有硕士、博士研究生学位的比例≥60%； SF：具有硕士、博士学位专任教师占比≥80%； 4. 专任教师中"双师双能型"教师占比高于专业国家标准； SF：课程与教学论教师人数≥2，教学效果好；基础教育兼职教师占教师教育课程教师比例≥20%，教学效果好； GC：企业或行业兼职教师数量满足教学需求，教学评价良好以上、学生满意度高；专任教师的工程背景能满足专业教学的需要； 5. 实践教师队伍配备整齐，聘有行业企业专家，结构合理，完全满足实践教学需要	1. 生师比≤18∶1（艺术体育类专业11∶1）； 2. 专任教师中具有高级职称以上的比例≥30%； SF：高级职称教师占比高于全校平均水平； 3. 具有硕士、博士学位专任教师占比≥50%； SF：专任教师中具有硕士、博士研究生学位的比例≥60%； 4. 专任教师中"双师双能型"教师占比达到专业国家标准； SF：课程与教学论教师人数≥2；基础教育兼职教师占教师教育课程教师比例≥20%； GC：有一定数量的企业或行业专家作为兼职教师；专任教师的工程背景能满足专业教学的需要； 5. 实践教师队伍配备充足，结构合理，能基本满足实践教学需要

续表

一级指标	二级指标	评估标准	
		A 级	C 级
2. 师资队伍	◆2.4 教学情况	1. 教授、副教授全员为本科生授课，80%以上的专业基础课和主干课由教授、副教授讲授； 2. 主要课程的主讲教师教学水平高，效果好，有省级教学名师或省级教学团队，在教学过程中切实发挥了传、帮、带的作用； 3. 近三年本专业教师参与教学研究、教学改革项目人数占专业教师总数比例≥50%，获校级以上奖励人数占专业教师总数≥15%，有省级以上教学改革成果并推广应用； 4. 专业教学研讨活动≥2次/月，效果好，并有详细记录	1. 教授、副教授为本科生授课率≥80%，60%以上专业基础课和主干课由教授、副教授讲授； 2. 教师授课能保证教学质量，有校级以上教学名师或教学团队，在教学过程中切实发挥了传、帮、带的作用； 3. 近三年本专业教师参与教学研究、教学改革项目人数占专业教师总数比例≥30%，获校级以上奖励人数占专业教师总数>10%，有校级以上教学改革成果并推广应用； 4. 专业教学研讨活动≥1次/月，并有活动记录
	2.5 教科研情况	1. 厅级以上教科研项目≥3项，或横向教科研项目（累计研究经费理工科30万元以上、文科15万元以上），工作成效明显； 2. 年均教科研到账经费工科≥20万元，理科≥15万元，文科≥10万元；学生参与教师科研项目人次≥3%； 3. 折算发表核心论文文科≥5篇/年（其他学科≥8篇/年），其中教研论文≥2篇； 4. 本专业教授、副教授每年为学生做学术报告≥2次	1. 厅级以上教科研项目1项以上，工作有成效； 2. 年均教科研到账经费工科≥10万元，理科≥8万元，文科≥5万元；学生参与教师科研项目人次≥1%； 3. 折算发表核心论文文科≥3篇/年（其他学科≥5篇/年），其中教研论文≥1篇； 4. 本专业教授、副教授每年为学生做学术报告≥1次

续表

一级指标	二级指标	评估标准	
		A级	C级
2. 师资队伍	2.6 教师发展与服务	1. 有符合专业实际的教师培养与教师发展的政策、措施、计划（规划）； 2. 有鼓励教师（尤其是青年教师）担任教育、教学工作，提高教学质量的政策和有力措施，青年教师培养和教师教学发展效果明显；教学效果优良	1. 有教师培养与教师发展政策、措施、计划； 2. 有鼓励教师担任教学工作，提高教学质量的政策和措施，大部分青年教师教学效果符合要求，教师教学发展有成效
3. 课程建设	♦3.1 课程设置	1. 课程设置充分体现本专业培养目标的要求并有自己特色；充分反映相关产业和领域的新发展、新要求，能集成、整合、深化已有的教育教学改革成果，重视对学生创新精神、实践能力和创业意识的培养；教师与学生充分了解课程计划，执行情况好； 2. 专业基础课和主干课的开设合理，各部分占比优于专业国家标准。 SF：各类课程总学分设置科学合理，其中教师教育课程总学分≥14学分；人文社会与科学素养课程学分占比≥10%；学科专业课程学分占比≥50%。 GC：各类课程总学分设置科学合理，其中数学与自然科学类课程学分占比≥15%；工程基础课程、专业基础课程与专业课程学分占比≥30%；工程实践与毕业设计（论文）学分占比≥20%	1. 课程设置基本体现本专业培养目标的要求；反映相关产业和领域的新发展、新要求，重视对学生创新精神、实践能力和创业意识的培养；教师与学生基本了解课程计划，执行情况较好； 2. 专业基础课和主干课的开设基本合理，各部分占比基本符合国家标准。 SF：教师教育课程总学分≥14学分；人文社会与科学素养课程学分占比≥10%；学科专业课程学分占比≥50%。 GC：数学与自然科学类课程学分占总学分的比例≥15%；工程基础类课程、专业基础类课程与专业类课程学分占总学分的比例≥30%；工程实践与毕业设计（论文）学分占总学分的比例≥20%

续表

一级指标	二级指标	评估标准	
		A 级	C 级
3. 课程建设	3.2 措施与成效	1. 课程改革和建设有计划、有措施，成效显著，校级以上课程建设项目占核心课程的比例达 40%以上，近五年专业课程中列入省级以上课程建设项目≥2 门； 2. 有各类网络课程资源建设规划和保障措施，专业核心课程 20%以上配有网络课程资源，且持续有访问记录	1. 课程改革和建设有计划、有措施、取得一定成效，校级以上课程建设项目占核心课程的比例达 20%以上，近五年专业课程中列入省级以上课程建设项目≥1 门； 2. 有各类网络课程资源建设规划和保障措施，专业核心课程 10%以上配有网络课程资源，且持续有访问记录
	3.3 教材建设	1. 有教材建设规划，执行情况好；有科学的教材选用和评估制度，教材选用切合实际，版本新，使用近三年新出版教材比例≥50%； 2. 自编教材（含实验、实习教材）、讲义有特色，使用效果好，近五年自编教材≥2 本（校级立项的讲义，按照 2 本讲义折合 1 本教材计算）	1. 有教材建设规划和教材选用制度；教材选用符合教学大纲要求，选用优秀教材或近三年出版教材比例≥40%； 2. 自编教材、讲义满足各类教学需要，近五年自编教材≥1 本（校级立项的讲义，按照 2 本讲义折合 1 本教材计算）
	3.4 教学方法与手段	1. 注重教学方法的创新，能综合运用讲授法、讨论法、项目式、案例式、探究式教学等多种方法，培养学生的思维能力、应用能力和创新能力； 2. 90%以上专任教师能恰当应用现代教育技术，效果显著	1. 能进行教学方法与手段的改革，有成效。 2. 70%以上专任教师能恰当应用现代教育技术，效果较好

续表

一级指标	二级指标	评估标准	
		A级	C级
3. 课程建设	◆3.5 实践教学	1. 实践教学内容与体系设计科学合理，符合培养目标要求，并有自己特色； 2. 实验与实习实践开出率及课时达到培养方案要求的100%； 3. 设计性、综合性、创新性实验项目占实验项目总数的比例≥30%，或占实验课程总数的比例≥80%； 4. 积极开展第二课堂活动，内容丰富，效果好。 SF：教育实践时间≥18周，学生教育教学能力得到较大提升	1. 实践教学内容与体系设计合理，符合培养目标要求； 2. 实验与实习实践开出率及课时达到培养方案要求的90%以上； 3. 设计性、综合性、创新性实验项目占实验项目总数的比例≥10%，或占实验课程总数的比例≥60%； 4. 能开展第二课堂活动。 SF：教育实践时间≥18周
	3.6 考核评价	注重评价方式的改革，能有效地实施课程考核，通过试卷、作业、小组研讨、报告等多种形式全面客观评价学生的知识、素质和能力，有60%以上的专业课程实行了多样化的考核方式，成绩评定注重过程，科学合理	能规范实施课程考核，通过作业、课堂讨论等多种形式来综合评价学生知识、素质和能力，有40%以上的专业课程实行了多样化的考核方式，成绩评定注重过程，科学合理
4. 教学资源	◆4.1 实验（实训）室	1. 实验教学队伍配备合理，素质良好，队伍稳定，满足教学需要； 2. 实验室仪器设备先进，数量充足，能满足实验教学需要，实验教学效果好，理工农医等学科专业有满足需要的专职实验技术人员； 3. 实验室开放数量多，设备利用率高，满足因材施教和学生课外科技活动的需要	1. 实验教学队伍配备合理，素质较好，基本满足教学需要； 2. 教学实验室仪器设备能保证实验教学的需要和质量，理工农医等学科专业有一定数量的专职实验技术人员； 3. 有开放实验室

续表

一级指标	二级指标	评估标准	
		A 级	C 级
4. 教学资源	♦4.2 实践基地	1. 建立了相对稳定与合作密切的校内外实践、实习基地，形成了运行良好的产教融合协同育人机制，效果好； SF：能充分利用各类专业实验实训室开展微格教学、语言技能、书写技能、学科实验等，教学效果好。 2. 建立校内外实习基地数量：理工科≥4个，文科（含艺术体育类专业）≥3个，有省级实践实习基地。能很好地满足实习、实践教学或工程训练的要求。 SF：教育实践基地充足、稳定、实习效果好，参加教育实习的本科生与教育实践基地数比例小于20∶1； GC：有与企业合作共建的实习和实训基地，在为学生提供参与工程实践的平台，教学效果好	1. 有实践、实习基地，基本能满足实践实习教学的需要； SF：有微格教学、语言技能、书写技能、学科实验教学需要的专业实验实训室。 2. 建立校内外实习基地数量：理工科≥3个，文科（含艺术体育类专业）≥2个。 SF：参加教育实习的本科生与教育实践基地数比例小于20∶1； GC：有与企业合作共建的实习和实训基地，为学生提供参与工程实践的平台
	4.3 教学经费	经费预算体现教学中心地位，有专业日常教学经费标准（注明其中实践教学经费标准），能满足教学需要，且持续增长，经费执行情况好，效益高。 SF：教学日常运行支出占生均拨款总额与学费收入之和的比例≥13%；生均教学日常运行支出和生均教育实践经费支出不低于学校平均水平，且每年持续增加，结构更加优化	经费预算体现教学中心地位，有专业日常教学经费标准（注明其中实践教学经费标准），能满足教学需要。 SF：教学日常运行支出占生均拨款总额与学费收入之和的比例≥13%；生均教学日常运行支出不低于学校平均水平；生均教育实践经费支出不低于学校平均水平

续表

一级指标	二级指标	评估标准	
		A 级	C 级
4. 教学资源	4.4 图书资料	积极参加图书馆藏书建设，中外文专业文献资料齐全，数量充足，能反映最新学术动态，满足教学、科研需要。 SF：生均教育类纸质图书≥32 册；现行中小学课程标准和教材[《幼儿园教育指导纲要（试行）》《3~6岁儿童学习与发展指南》和教学实习用幼儿园课程方案]每6名实习生≥1.5 套	专业文献资料基本齐全，能满足教学基本需要。 SF：生均教育类纸质图书≥30 册；现行中小学课程标准和教材[《幼儿园教育指导纲要（试行）》《3~6岁儿童学习与发展指南》和教学实习用幼儿园课程方案]每 6 名实习生≥1 套
	4.5 社会资源	1. 与国内外校、政、企等合作培养人才，学生受益； 2. 有共建省级以上实验室、实践教育基地、实习基地等	1. 邀请校、政、企人员参与本科教学活动(授课、指导实践、竞赛指导、讲座等)，学生受益； 2. 有共建校级以上实验室、实践教育基地、实习基地等
5. 专业管理与持续改进	◆5.1 专业建设负责人	有稳定的专业建设负责人，岗位、责任与权力明确，真正发挥了带头作用	有专业建设负责人，岗位、责任与权力基本清楚，发挥了一定的作用
	5.2 专业管理	1. 管理文件：各类教学档案资料收集及时、齐全、完整，整理规范，有专用教学档案柜，分类存档，便于检索，管理严格； 2. 管理制度：制度健全，执行严格，效果显著； 3. 教学文档：试卷、毕业设计（论文）、实践类课程、实习实训课程等各类教学档案资料完整、清楚、规范	1. 管理文件：各类教学档案资料收集齐全、完整，有专用教学档案柜，分类存档； 2. 管理制度：制度健全，能执行，有一定效果； 3. 教学文档：试卷、毕业设计（论文）、实践类课程、实习实训课程等各类教学档案资料完整

续表

一级指标	二级指标	评估标准	
		A级	C级
5. 专业管理与持续改进	◆5.3 质量文化建设	1. 严格执行学校规章制度，学校部署的各项工作按时完成； 2. 建立有效的教学过程质量监控机制，对各主要教学环节有明确的质量要求，通过课程教学和考核促进培养目标达成；定期进行课程体系合理性和教学质量的评价； 3. 建立比较完备的毕业生跟踪反馈机制以及由各利益相关方参与的社会评价机制，定期对培养目标进行达成评价，评价的结果用于本专业培养方案持续改进	1. 严格执行学校规章制度，学校部署的各项工作按时完成； 2. 对教学过程质量有监控，对各主要教学环节有质量要求；有进行课程体系合理性和教学质量的评价； 3. 有实施毕业生跟踪反馈调查以及由各利益相关方参与的社会评价调查工作
6. 学生发展及培养效果	6.1 招生情况	1. 专业生源数量充足，第一志愿率≥120%，报到率≥95%； 2. 近三年本专业学生录取平均分高于全校平均分5分以上（艺术类除外）； 3. 近三年专业平均净转入学生数≥1	1. 专业生源数量充足，第一志愿率≥80%，报到率≥92%； 2. 近三年本专业学生录取平均分不低于全校平均分（艺术类除外）； 3. 近三年专业平均净转入学生数为零
	6.2 学生指导	1. 建立学院学业指导中心，具有完善的学生学业指导、职业生涯规划、就业创业指导、心理健康辅导等方面的措施并能很好地落实； 2. 为学生搭建良好的科技创新活动和社会实践平台，鼓励广大学生积极参与，学生的课外科技文化与体育活动开展活跃，参与面广，效果好。大学生体质测试合格率≥90%	1. 建立学院学业指导中心，有学生学业指导、职业生涯规划、就业创业指导、心理健康辅导等方面的措施并予落实； 2. 能够为学生搭建科技创新活动和社会实践平台，开展相关活动，学生能参加各种课外科技文化与体育活动。大学生体质测试合格率≥85%

续表

一级指标	二级指标	评估标准	
		A级	C级
6. 学生发展及培养效果	6.3 创新能力	1. 近三年每百名学生以第一作者公开发表学术论文、作品理工科≥8篇（项），文科≥6篇（项）； 2. 近三年学生积极参加各种技能和竞赛活动，获省部级及以上奖励比例≥在校生人数的8%； 3. 学生获得相关职业资格证书的比例≥60%	1. 近三年每百名学生以第一作者公开发表学术论文、作品理工科≥3篇（项），文科≥2篇（项）； 2. 近三年学生积极参加各种技能和竞赛活动，获省部级及以上奖励比例≥在校生人数的3%； 3. 学生获得相关职业资格证书的比例≥50%
	◆6.4 培养效果	1. 按期毕业率≥95%； 2. 授学位率≥95%； 3. 省级以上竞赛获奖率≥20%	1. 按期毕业率≥90%； 2. 授学位率≥90%； 3. 省级以上竞赛获奖率≥10%
	◆6.5 毕业设计与论文	1. 选题符合专业培养目标要求，难度、工作量适宜，达到综合训练要求，结合社会、生产实际的题目占60%以上； 2. 毕业设计（论文）管理制度健全、指导认真、要求严格，管理规范；严格执行答辩程序，指导老师、评阅老师、答辩小组评分客观、公正； 3. 每位导师指导学生数≤8人，指导教师均具有中级以上职称或硕士以上学位，且高级职称导师比例≥50%； 4. 本科毕业论文抽检中无"存在问题毕业论文"	1. 选题合理，结合社会及生产实际的题目占50%以上； 2. 有毕业设计（论文）管理制度，执行较好；严格执行答辩程序，指导老师、评阅老师、答辩小组评分合理； 3. 每位导师指导学生数≤10人，指导教师均具有中级以上职称或硕士以上学位，且高级职称导师比例≥30%； 4. 本科毕业论文抽检中"存在问题毕业论文"比例≤5%

续表

一级指标	二级指标	评估标准	
		A级	C级
6. 学生发展及培养效果	6.6 学生、专家对教学质量的评价	1. 建立满意度调查机制，定期向毕业生、用人单位发放调查问卷，调查近五届毕业生的就业、发展情况以及用人单位对毕业生的满意率； 2. 毕业班学生对本专业办学质量的整体评价好，毕业生满意度90%以上； 3. 校内外专家对专业办学质量的评价为优良	1. 建立满意度调查机制，定期向毕业生、用人单位发放调查问卷，调查近五届毕业生的就业、发展情况以及用人单位对毕业生的满意率； 2. 毕业班学生对本专业办学质量的整体评价较好，毕业生满意度80%以上； 3. 校内外专家对专业办学质量的评价为合格以上
	♦6.7 就业	1. 毕业去向落实率≥95%； 2. 用人单位对本专业毕业生思想品德、工作态度、敬业精神、专业知识、工作能力、创新能力等方面的综合评价满意率≥90%	1. 毕业去向落实率≥80%； 2. 用人单位对本专业毕业生思想品德、工作态度、敬业精神、专业知识、工作能力、创新能力等方面的综合评价满意率≥80%
自选特色项目	专业办学经验与特色	1. 本专业办学独特的经验措施等； 2. 专业特色凝练准确，数据或案例充分说明专业特色	

说明：

1. 表内各项目无特别要求外，均提供本专业近三学年（年）的相关资料。
2. 表中"SF"表示师范类专业，"GC"表示工程类专业。

2. 等级划定标准

（1）指标体系中，每个二级指标都含有若干个观测点，观测点有定量的，也有定性的，二级指标的评估等级分为 A、B、C、D 四级，评估标准给出 A、C 两级，介于 A、C 级之间的可评定为 B 级，低于 C 级的评定为 D 级。除有特别说明者外，各观测点原则上平均分配其所在二级指标的分值。各项二级指标中 A、B、C、D 四级的权重分别为 1.0、0.8、0.6、0.4。在具体评估过程中，若因专业性质、特点不同等原因，某一指标无法评估时，该指标按 B 级计入。

（2）评估结论为优秀、良好、合格、不合格，其标准如下：

优秀：A≥16、C≤1、D=0（其中核心指标 A≥7、C≤1、D=0），特色鲜明；

良好：A≥14、C≤3、D≤1（其中核心指标 A≥6、C≤2、D=0），有特色项目；

合格：A≥10、C≤4、D≤2（其中核心指标 A≥5、C≤3、D≤2）。

不合格：不满足"合格"等级的即为不合格。

五、反馈与整改

（1）参加评估的专业，收到学校反馈的问题及改进意见后，于一个月内向评估中心提交整改方案。

（2）对评估结论为"合格"的专业，学校于一年后组织专家组重点查看 D 级核心指标整改情况；对评估结论为"不合格"的专业，学校于一年后组织专家组进行复评。

（3）专业评估结果作为专业减招、停招、撤销的依据。

第四节 课程评估

课程是学校教学活动的基本单元，课程评估是学校抓好本科教育教学质量，实现人才培养目标的基本途径。为全面掌握和科学评价学校课程教育教学质量，学校定期开展课程评估工作，形成持续改进课程建设的质量文化。

一、评估目的

课程评估践行"学生中心、产出导向、持续改进"的培养理念，旨在查找解决课程教育教学中存在的困难和问题，形成教学反馈和持续改进机制，使课程教育教学能够有效保障毕业要求达成，促进学生学习与发展，实现专业培养目标。

二、评估形式

课程评估采取二级学院全面自评和学校随机抽查相结合的方式。学校和二级学院每年度有计划开展课程评估工作，每四年一轮。

三、评估组织实施

（一）二级学院自评

（1）二级学院是课程评估的主体，学院自评是课程评估工作的基础，各二级学院应根据学校要求和实际情况制订本学院课程评估具体实施方案，组织好本学院课程评估工作，及时总结经验，查找不足，制定有力有效的改进措施并整改到位。

（2）课程负责人在二级学院领导和系主任领导下负责组织课程自评估工作，对照课程评估指标体系和相关要求撰写自评报告，整理汇总相应支撑材料，对自评报告和支撑材料数据的真实性负责。

（3）二级学院对提交的课程自评报告、支撑材料等进行审核，组织院内外专家参照学校课程评估工作程序开展学院课程评估，给出院评结果和评估报告。课程自评报告、支撑材料、院评报告及院评结果汇总表等统一报评估中心。

（二）学校抽查

（1）学校成立课程评估专家组，召开工作会议，部署课程评估工作。评估专家组分为若干小组，每个小组一般由3人以上组成，小组成员需具有一定的学术造诣和丰富的教学经验，专业背景与评估课程所属专业一致或相近。评估专家实行回避制度。

（2）学校从二级学院评估课程中，抽取学校评估课程名单。

（3）评估专家组成员审阅评估课程的自评报告、支撑材料及院评报告。

（4）评估专家组对评估课程进行课堂教学观摩，开展学生课程体验调查。课程负责人向专家组汇报，课程教学团队接受专家组质询。专家组查阅课程考核资料、学生作业（报告）等相关材料，开展教师、学生、校友、行业企业代表座谈，问卷调查等工作。

（5）专家组完成考察后，依据评估指标体系逐项评价，给出评估等级，专家组会议商定参评课程评估结果，形成课程评估报告报评估中心。

（6）学校公示课程评估结果。

（7）学校对课程评估结果进行反馈，对存在的问题提出改进意见。对评估结论为"优秀"的课程，推广其先进经验。

四、评估指标体系及指标等级标准

（一）指标体系组成

按照分类评价原则，课程评估指标体系分为三类：文理工农医类、体育艺术类、实践类（见表 3-8、表 3-9、表 3-10）。每类指标体系设若干一级指标、二级指标，每个二级指标下均有若干具体观测点。

在充分重视课程建设绩效定量评估指标的同时，对部分不适合定量评估而又十分重要的指标，采取定性评估方法。各指标力求内涵明确，观测点重点突出，利于操作。

（二）评估指标等级标准及其内涵

每个观测点均有确定的分值以及"优秀""合格"等级的参考评分标准。评估专家可依据评分标准对观测点进行评分，其中达到优秀标准的评分应不低于该观测点分值×0.9，达到合格标准的，评分不应低于该观测点分值×0.6。各观测点得分之和即为该课程的最终得分。

五、学校评估结果及运用

课程评估结果分为优秀、良好、合格、不合格四个格次，以百分制计分。90 分（含）以上为优秀；80 分（含）以上为良好；65 分（含）以上为合格；65 分以下为不合格。

课程评估工作开展情况、课程评估结果作为二级学院课程建设、专业建设（评估）、年度教学工作目标任务考核的核心依据之一。

对评估结果为"优秀"的课程，团队成员在学校和二级学院职称评聘、评优评先、教学项目申报、培训进修推荐等方面，同等条件下给予优先考虑。

对评估结果为"不合格"的课程，二级学院要针对课程建设情况进行专题研究，对照专家组反馈的问题，深入分析原因，一个月内提出切实有效的整改方案报评估中心，并推进整改工作，整改结束后申请复评。凡评估结果为"不合格"的课程一律纳入学校评估范围。

具体可见表 3-8、表 3-9、表 3-10。

表 3-8 安康学院课程评估指标体系（文理工农医类）

一级指标	二级指标	评价标准 优秀（权重＝1）	评价标准 合格（权重＝0.6）	分值
1.教学队伍 12分	1-1 师德师风	热爱教师职业，工作认真负责，治学严谨，执教严格，关心爱护学生，遵守各类规章制度，近三年无教学事故，未发生师德师风负面清单上的行为	治学较严谨，能够较好地完成教育教学工作，近三年无教学事故，未发生师德师风负面清单上的行为	3
	1-2 课程负责人	在教科研方面发挥带头作用，由具有一定影响力的高级职称教师担任，能胜任课程负责人工作	在教科研方面起到一定带头作用，能胜任课程负责人工作	4
	1-3 主讲团队	（1）师资力量强，团队有2人以上，完全满足教学需求	师资力量一般，基本满足教学需求	1
		（2）课程团队包含有高级职称教师参与授课，主讲团队年龄结构合理，注重梯队建设，青年教师培养措施得当，支持力度大，效果显著	课程团队年龄结构基本合理，关注中青年教师培养，有措施，且有一定效果	2
		（3）主持校级及以上教科研项目、出版教材（专著）1项以上	参与校级及以上教科研项目、出版教材（专著）1项以上	1
		（4）与行业企业共建、有稳定的高素质行业企业人员参与讲授课程	与行业企业共建，能够参与讲授课程	1
2.教学内容 18分	2-1 课程目标	课程目标设定科学合理，明确可测量，契合毕业要求，充分体现产出导向理念	课程目标设定具备合理性，较明确，符合毕业要求，能够体现产出导向理念	4
	2-2 课程内容设计	（1）课程信息量大，能把课程思政恰当地融入课堂教学	课程信息量较大，课程教学中具有一定的课程思政元素	2
		（2）突出教学内容的基础性和应用性、注重培养学生应用能力，课程内容具备系统性、科学性，吸收学科前沿知识，引入课程改革和教育研究最新成果，教学案例更新及时，"两性一度"要求得到充分体现	教学内容的基础性和应用性较强，学生应用能力得到培养，课程内容具备系统性、科学性，教学案例有更新	3

续表

一级指标	二级指标	评价标准		分值
		优秀（权重＝1）	合格（权重＝0.6）	
2.教学内容 18分	2-3 教学内容组织安排	内容力求理论联系实际，并与课外自主学习紧密结合，融合知识传授、能力训练、素质教育和课程思政，协同实现课程目标	内容关注理论联系实际，配合有课外自主学习内容，能较好地体现知识传授、能力训练、素质教育和课程思政等几个目标	2
	2-4 教学改革研究	近三年来团队教师人均发表教研论文≥1篇	近三年来团队教师人均发表教研论文≥0.5篇	1
		依托课程教学改革获得校级及以上教学成果奖	依托课程教学改革申报校级及以上教学成果奖并得到二级学院推荐	2
	2-5 教材教辅资料	公共课及基础课选用国家规划教材或国家教指委推荐教材；专业课及专业基础课选用国家级出版社出版教材或行业内公认优秀教材；实验课实验教材或讲义资料配套齐全	使用符合中、省、学校要求的教材，实践教材（或讲义）基本齐全	2
		建设有与本课程密切相关的、丰富的数字化教学资源，或与行业企业共建共享课程资源库、真实项目案例库，且利用率高	有一定的与本课程密切相关的数字化教学资源，或能够与行业企业共享课程资源库、真实项目案例库，利用率较高	2
3.教学方法与手段 24分	3-1 教学设计	重视探究性学习、研究性学习，充分体现学生中心、产出导向、持续改进的教育理念；紧紧围绕课程目标设计教学活动；使用新教案模板，教案质量高	较为重视探究性学习、研究性学习，能够体现学生中心、产出导向、持续改进的教育理念；能围绕课程目标设计教学活动；使用新教案模板	4
	3-2 教学方法	根据课程目标达成需要，灵活运用各种先进的教学方法，尝试项目式、案例式、探究式等教学方法改革，有效激发学生的学习潜能；教学注重师生互动，充分调动学生的学习积极性，渗透科学研究方法，注重学生创新意识和创新能力的培养	能够根据教学需要选用适合的教学方法，学生能较好地接受	4

续表

一级指标	二级指标	评价标准		分值
		优秀（权重＝1）	合格（权重＝0.6）	
3. 教学方法与手段 24分	3-3 教学手段	具有运行良好的软硬件教学环境；恰当运用现代教育技术手段，提高课堂效率，激发学习兴趣和巩固学习动机，提升教学效果，成效明显	具有较好的软硬件教学环境；能较好地运用现代教育技术手段完成教学	4
	3-4 考核环节	命题符合课程大纲要求，围绕课程目标，题目指向性明确，具有一定比例的探索性、非标准答案等考核应用能力的命题，注重综合能力的考查，试题的深度、广度、区分度合理	命题符合大纲要求，指向课程目标，难度、区分度合理	3
		采取多种过程性考核方式评价学生的学习能力与学习效果，注重过程评价与结果性评价相结合，引导学生改进学习方法，积极开展课程考核改革探索	综合运用过程性评价与结果性评价；AB卷试题命制符合学校相关要求	4
		有一套比较完整且对标（课程目标）的考核方案，考核项目评分标准具体明确，评价过程科学严谨、规范，过程考核材料翔实；课程目标达成情况报告中质量分析中肯，持续改进有成效，下一步改进措施明确、可行	形成一套规范的考核方案，评分标准具体明确，评价过程合理，考核材料翔实。课程目标达成情况报告中有较为合理的持续改进措施	5
4. 教学状态 22分	4-1 教学管理	依据毕业要求及时修订课程教学大纲，大纲编排科学合理，内容先进充实，能够严格执行教学大纲	依据毕业要求制定课程教学大纲，教学大纲编排较科学，内容较充实，教学大纲执行较好	4
		近三年教学大纲、进度表、试卷等教学资料齐全，管理规范，便于查阅	近三年教学大纲、进度表、试卷等资料比较齐全，管理较规范	4
	4-2 课堂管理	教师有效管理课堂，课堂参与度高，学习气氛浓厚	教师有对课堂秩序的管理，大部分学生积极参与课堂活动，课堂秩序良好	4

续表

一级指标	二级指标	评价标准		分值
		优秀（权重=1）	合格（权重=0.6）	
4.教学状态 22分	4-3 教研活动	定期开展教研活动，计划合理，记录规范。就教学问题有针对性地开展教研活动，有成效，质量高	定期开展教研活动，有活动计划，教研活动记录完整、规范，任务得到落实	3
	4-4 教学辅助环节	作业适量，批改认真，及时反馈；课后辅导及时，根据教学需要广泛开展第二课堂活动	作业安排和批改情况较好；能进行课后辅导，能根据教学需要开展第二课堂活动	3
		形成自觉追求课堂教学质量的意识，经常性地开展教学效果调研，反思改进措施，推动课程教学质量持续改进	能够开展教学反思活动，针对教学不足实时改进	4
5.学习效果 24分	5-1 学生评价	学生对课程教学满意度在90%以上	学生对课程教学满意度在80%以上	3
		近三年该课程的学生评教优秀格次人均1次及以上，且评教得分排名在学院课程评教得分排名的前50%	近三年该课程的学生评价格次为良好以上，且评教得分排名不在学院课程评教得分排名的后20%	3
	5-2 知识掌握	学生学习获得感强，系统掌握课程知识、原理和技能，能够形成课程知识框架体系，所学内容适应社会需求	学生学习有收获，掌握课程的基本知识、基本原理和基本技能，能够支撑后续专业课程学习	6
	5-3 育人成效	注重思想教育和价值引领，课程教学中能够潜移默化地促进学生提升思想道德品质、形成良好行为习惯	有教书育人意识，能够结合课程教学实际，引导学生提升思想道德品质，培养良好的行为习惯	6
	5-4 能力培养	学生综合应用知识能力和独立解决课程涉及的生产、管理和服务中实际问题能力得到有效提升	学生综合应用知识能力和独立解决课程涉及的生产、管理和服务中实际问题能力有一定提升	6
6.课程特色加分		课程特色是指在课程的教学队伍、教学内容、教学条件、教学方法与手段、教学状态等方面具有的独特性，及产生的出色教学效果。课程团队需提供具备说服力的支撑材料佐证课程的"独特"和"出色"		10

表 3-9　安康学院课程评估指标体系（体育艺术类）

一级指标	二级指标	评价标准		状态分值
		优秀（权重=1）	合格（权重=0.6）	
1.教学队伍 12分	1-1 师德师风	热爱教师职业，工作认真负责，治学严谨，执教严格，关心爱护学生，遵守各类规章制度，近三年无教学事故，未发生师德师风负面清单上的行为	治学较严谨，能够较好地完成教育教学工作，近三年无教学事故，未发生师德师风负面清单上的行为	3
	1-2 课程负责人	在教科研方面发挥带头作用，由具有一定影响力的高级职称教师担任，能胜任课程负责人工作	在教科研方面起到一定带头作用，能胜任课程负责人工作	4
	1-3 主讲团队	师资力量强，团队有2人以上，完全满足教学需求	师资力量一般，基本满足教学需求	1
		课程团队包含有高级职称教师参与授课，主讲团队年龄结构合理，注重梯队建设，青年教师培养措施得当，支持力度大，效果显著	课程团队年龄结构基本合理，关注中青年教师培养，有措施，且一定效果	2
		主持校级及以上教科研项目、出版教材（专著）1项以上	参与校级及以上教科研项目、出版教材（专著）1项以上	1
		与行业企业共建，有稳定的高素质行业企业人员参与讲授课程	与行业企业共建，能够参与讲授课程	1
2.教学内容 17分	2-1 课程目标	课程目标设定科学合理，明确可测量，契合毕业要求，充分体现产出导向理念	课程目标设定具备合理性，较明确，符合毕业要求，能够体现产出导向理念	4
	2-2 课程内容设计	课程信息量大，能把课程思政恰当地融入课堂教学	课程信息量较大，课程教学中具有一定的课程思政元素	2
		突出教学内容的基础性和应用性、注重培养学生应用能力，课程内容具备系统性、科学性，吸收学科前沿知识，引入课程改革和教育研究最新成果，教学案例更新及时，"两性一度"要求得到充分体现	教学内容的基础性和应用性较强，学生应用能力得到培养，课程内容具备系统性、科学性，教学案例有更新	3

续表

一级指标	二级指标	评价标准		状态分值
		优秀（权重＝1）	合格（权重＝0.6）	
2.教学内容 17分	2-3 教学内容组织安排	内容力求理论联系实际，并与课外自主学习紧密结合，融合知识传授、能力训练、素质教育和课程思政，协同实现课程目标	内容关注理论联系实际，配合有课外自主学习内容，能较好地体现知识传授、能力训练、素质教育和课程思政等几个目标	2
	2-4 实践教学环节	各类实践活动能很好地满足学生的培养要求；认真组织各类实践活动，时间有保证，预案齐备，程序规范，措施完善	各类实践活动能基本满足学生的培养要求；时间有保证，有预案、有措施	3
	2-5 教学研究改革	近三年来团队教师人均发表教研论文≥1篇	近三年来团队教师人均发表教研论文≥0.5篇	1
		依托课程获得校级及以上教学成果奖	依托课程教学改革申报校级及以上教学成果奖并得到二级学院推荐	2
3.教学条件 8分	3-1 教材教辅资料	公共课及基础课选用国家规划教材或国家教指委推荐教材；专业课及专业基础课选用国家级出版社出版教材或行业内公认优秀教材；实验课实验教材或讲义资料配套齐全	使用符合中、省、校要求的教材，实验教材（或讲义）基本齐全	1
		建设有与本课程密切相关的、丰富的数字化教学资源，或与行业企业共建共享课程资源库、真实项目案例库，且利用率高	有一定的与本课程密切相关的数字化教学资源，或能够与行业企业共享课程资源库、真实项目案例库，利用率较高	2
	3-2 实践教学场所及环境	实践教学场地、器材和设备能够满足教学要求，教学效果明显	实践教学场地、器材和设备基本满足教学要求	5
4.教学方法与手段 20分	4-1 教学设计	重视探究性学习、研究性学习，充分体现学生中心、产出导向、持续改进的教育理念；紧紧围绕课程目标设计教学活动；使用新教案模板，教案质量高	较为重视探究性学习、研究性学习，能够体现学生中心、产出导向、持续改进的教育理念；能围绕课程目标设计教学活动；使用新教案模板	4

续表

一级指标	二级指标	评价标准		状态分值
		优秀（权重=1）	合格（权重=0.6）	
4.教学方法与手段 20分	4-2 教学方法	根据课程目标达成需要，灵活运用各种先进的教学方法，尝试项目式、案例式、探究式等教学方法改革，有效激发学生的学习潜能；教学注重师生互动，充分调动学生的学习积极性，渗透科学研究方法，注重学生创新意识和创新能力的培养	能够根据教学需要选用适合的教学方法，学生能较好地接受	4
	4-3 教学手段	具有运行良好的软硬件教学环境；恰当运用现代教育技术手段，提高课堂效率，激发学习兴趣和巩固学习动机，提升教学效果，成效明显	具有较好的软硬件教学环境；能较好地运用现代教育技术手段完成教学	4
	4-4 考核环节	重视过程评价与结果性考核有机结合，有一套比较完整且对标（课程目标）的考核方案，考核项目评分标准具体明确，评价过程科学严谨、规范，过程考核材料翔实；课程目标达成情况报告中质量分析中肯，持续改进有成效，下一步改进措施明确、可行	能够结合过程性评价与结果性考核，形成一套规范的考核方案，评分标准具体明确，评价过程合理，考核材料翔实。课程目标达成情况报告中有较为合理的持续改进措施	8
5.教学状态 19分	5-1 教学管理	依据毕业要求及时修订课程教学大纲，大纲编排科学合理，内容先进充实，能够严格执行教学大纲	依据毕业要求制定课程教学大纲，教学大纲编排较科学，内容较充实，教学大纲执行较好	4
		近三年教学大纲、进度表、试卷等教学资料齐全，管理规范，便于查阅	近三年教学大纲、进度表、试卷等资料比较齐全，管理较规范	4
	5-2 课堂管理	教师有效管理课堂，课堂参与度高，学习气氛浓厚	教师有对课堂秩序的管理，大部分学生积极参与课堂活动，课堂秩序良好	3

续表

一级指标	二级指标	评价标准		状态分值
		优秀（权重=1）	合格（权重=0.6）	
5.教学状态 19分	5-3 教研活动	定期开展教研活动，计划合理，记录规范。就教学问题有针对性地开展教研活动，有成效，质量高	定期开展教研活动，有活动计划，教研活动记录完整、规范，任务得到落实	2
	5-4 教学辅助环节	术科类作业安排合理，课后辅导及时，根据教学需要广泛开展第二课堂活动	术科类作业安排适量；能进行课后辅导，能根据教学需要开展第二课堂活动	2
		形成自觉追求课堂教学质量的意识，经常性地开展教学效果调研，反思改进措施，推动课程教学质量持续改进	能够开展教学反思活动，针对教学不足实时改进	4
6.学习效果 24分	6-1 学生评价	学生对课程教学满意度在90%以上	学生对课程教学满意度在80%以上	3
		近三年该课程的学生评教优秀格次人均1次及以上，且评教得分排名在学院课程评教分排名的前50%	近三年该课程的学生评价格次为良好以上，且评教得分排名不在学院课程评教分排名的后20%	3
	6-2 知识掌握	学生学习获得感强，系统掌握课程知识、原理和技能，能够形成课程知识框架体系，所学内容适应社会需求	学生学习有收获，掌握课程的基本知识、基本原理和基本技能，能够支撑后续专业课程学习	6
	6-3 育人成效	注重思想教育和价值引领，课程教学中能够潜移默化地促进学生提升思想道德品质，形成良好行为习惯	有教书育人意识，能够结合课程教学实际，引导学生提升思想道德品质，培养良好的行为习惯	6
	6-4 能力培养	通过课程学习，学生综合应用知识能力和独立解决课程涉及的生产、管理和服务中实际问题能力得到有效提升	通过课程学习，学生综合应用知识能力和独立解决课程涉及的生产、管理和服务中实际问题能力有一定提升	6
7.课程特色加分		课程特色是指在课程的教学队伍、教学内容、教学条件、教学方法与手段、教学状态等方面具有的独特性，及产生的出色教学效果。课程团队需提供具备说服力的支撑材料佐证课程的"独特"和"出色"		10

表 3-10　安康学院课程评估指标体系（实践类）

一级指标	二级指标	评价标准		状态分值
		优秀（权重＝1）	合格（权重＝0.6）	
1.教学队伍 12分	1-1 师德师风	热爱教师职业，工作认真负责，治学严谨，执教严格，关心爱护学生，遵守各类规章制度，近三年无教学事故，未发生师德师风负面清单上的行为	治学较严谨，能够较好地完成教育教学工作，近三年无教学事故，未发生师德师风负面清单上的行为	3
	1-2 课程负责人	在教科研方面发挥带头作用，由具有一定影响力的高级职称教师担任，能胜任课程负责人工作	在教科研方面起到一定带头作用，能胜任课程负责人工作	4
	1-3 主讲团队	师资力量强，团队有2人以上，完全满足教学需求	师资力量一般，基本满足教学需求	1
		课程团队包含有高级职称教师参与授课，主讲团队年龄结构合理，注重梯队建设，青年教师培养措施得当，支持力度大，效果显著	课程团队年龄结构基本合理，关注中青年教师培养，有措施，且一定效果	2
		主持校级及以上教科研项目、出版教材（专著）1项以上	参与校级及以上教科研项目、出版教材（专著）1项以上	1
		与行业企业共建、有稳定的高素质行业企业人员参与讲授课程	与行业企业共建，能够参与讲授课程	1
2.教学内容 14分	2-1 课程目标	课程目标设定科学合理，明确可测量，契合毕业要求，充分体现产出导向理念	课程目标设定具备合理性，较明确，符合毕业要求，能够体现产出导向理念	3
	2-2 实践课程内容设计	围绕能力目标设计实践课程内容，突出教学内容的基础性和应用性，注重培养学生应用能力，课程内容具备系统性、科学性，吸收学科前沿知识，引入课程改革和教育研究最新成果，教学案例更新及时，"两性一度"要求得到充分体现	教学内容的基础性和应用性较强，学生应用能力得到培养，课程内容具备系统性、科学性，教学案例有更新	3

续表

一级指标	二级指标	评价标准		状态分值
		优秀（权重＝1）	合格（权重＝0.6）	
2.教学内容 14分	2-3 教学内容组织安排	内容力求理论联系实际，并与课外自主学习紧密结合，融合知识传授、能力训练、素质教育和课程思政，协同实现课程目标	内容关注理论联系实际，配合有课外自主学习内容，能较好地体现知识传授、能力训练、素质教育和课程思政等几个目标	2
	2-4 实践教学环节	各类实践活动能很好地满足学生的培养要求；认真组织各类实践活动，时间有保证，预案齐备，程序规范，措施完善。	各类实践活动能基本满足学生的培养要求；时间有保证，有预案、有措施。	3
	2-5 教学研究与改革	近三年来团队教师人均发表教研论文≥1篇	近三年来团队教师人均发表教研论文≥0.5篇	1
		依托课程获得校级及以上教学成果奖	依托课程教学改革申报校级及以上教学成果奖并得到二级学院推荐	2
3.教学条件 10分	3-1 实践指导教材及辅助资料	实践教材（或讲义）配套齐全	实践教材（或讲义）基本齐全	1
		有与本课程密切相关的、丰富的数字化教学资源，或与行业企业共建共享课程资源库、真实项目案例库，且利用率高	有一定的与本课程密切相关的数字化教学资源，或能够与行业企业共享课程资源库、真实项目案例库，利用率较高	2
	3-2 实践教学设备	实践教学设备数量能较好满足教学需要，具备开出基础性、设计性、综合性实验的现代实验设备，能开出实验教学大纲规定的全部实验项目，实验开出率达100%；实验设备的利用率高	实践教学设备数量能基本满足教学要求，实验教学设备和实验技术能满足教学需要，实验开出率达90%以上；实验设备的利用率较高	3
	3-3 实践教学场所及环境	教具齐全，有充足且条件良好的实践教学场所，充足且稳定的实习实践基地，合作顺畅，能充分满足实践教学需要	教具基本齐全，有基本的教学教研场所，必要的实习实践基地，能基本满足实践教学需要	4

续表

一级指标	二级指标	评价标准		状态分值
		优秀（权重=1）	合格（权重=0.6）	
4.教学方法与手段 20分	4-1 实践教学设计	重视探究性学习、研究性学习，充分体现学生中心、产出导向、持续改进的教育理念；紧紧围绕课程目标设计教学活动；使用新教案模板，教案质量高	较为重视探究性学习、研究性学习，能够体现学生中心、产出导向、持续改进的教育理念；能围绕课程目标设计教学活动；使用新教案模板	4
	4-2 教学方法	根据课程目标达成需要，灵活运用各种先进的教学方法，尝试项目式、案例式、探究式等教学方法改革，有效激发学生的学习潜能；教学注重师生互动，充分调动学生的学习积极性，渗透科学研究方法，注重学生实践能力、创新意识和创新能力的培养	能够根据教学需要选用适合的教学方法，学生能较好地接受，实践能力有提升	4
	4-3 教学手段	具备运行良好的相关软硬件环境；能充分、恰当地使用现代教育技术手段，在提高课堂效率，激发学生学习兴趣和学习动机，提升教学效果等方面取得实效	具备较好的相关软硬件环境；教学中能较好地利用现代教育技术手段	4
	4-4 考核环节	重视过程评价与结果性考核有机结合，有一套较完整，能检查课程目标达成度的考核办法，各项评分标准具体明确，评分过程科学严谨、规范；考核材料翔实，成绩质量分析中肯，认真进行考试工作总结，持续改进有成效	能够结合过程性评价与结果性考核，形成一套规范的考核办法，评分标准具体明确，评分过程合理，考核材料翔实。成绩质量分析有较为合理的教学改进措施	8
5.教学状态 20分	5-1 教学管理	依据毕业要求及时修订课程教学大纲，大纲编排科学合理，内容先进充实，能够严格执行教学大纲	依据毕业要求制定课程教学大纲，教学大纲编排较科学，内容较充实，教学大纲执行较好	4
		教学进度表、教案、实践考核材料等资料齐全且设计规范，内容合理，管理规范	教学进度表、教案、实践考核材料等资料较齐全且设计较规范，内容较合理，管理较规范	4

续表

一级指标	二级指标	评价标准		状态分值
		优秀（权重＝1）	合格（权重＝0.6）	
5.教学状态 20分	5-2 课堂管理	教师有效管理课堂，课堂参与度高，学习气氛浓厚	教师有对课堂秩序的管理，大部分学生积极参与课堂活动，课堂秩序良好	4
	5-3 教研活动	定期开展教研活动，计划合理，记录规范。就教学问题有针对性地开展教研活动，有成效，质量高	定期开展教研活动，有完整、规范的活动计划和活动记录，任务得到落实	2
	5-4 教学辅助环节	实践类作业安排合理，课后辅导及时，根据教学需要广泛开展第二课堂活动	实践类作业安排适量；能进行课后辅导，能根据教学需要开展第二课堂活动	2
		形成自觉追求课堂教学质量的意识，经常性地开展教学效果调研，反思改进措施，推动课程教学质量持续改进	能够开展教学反思活动，针对教学不足实时改进	4
6.学习效果 24分	6-1 学生评价	学生对课程教学满意度在90%以上	学生对课程教学满意度在80%以上	3
		近三年该课程的学生评教优秀格次人均1次及以上，且评教得分排名在学院课程评教得分排名的前50%	近三年该课程的学生评价格次为良好以上，且评教得分排名不在学院课程评教得分排名的后20%	3
	6-2 知识掌握	学生学习获得感强，系统掌握课程知识、原理和技能，能够形成课程知识框架体系，所学内容适应社会需求	学生学习有收获，掌握课程的基本知识、基本原理和基本技能，能够支撑后续专业课程学习	6
	6-3 育人成效	注重思想教育和价值引领，课程教学中能够潜移默化地促进学生提升思想道德品质，形成良好行为习惯	有教书育人意识，能够结合课程教学实际，引导学生提升思想道德品质，培养良好的行为习惯	6
	6-4 能力培养	通过课程学习学生综合应用知识能力和独立解决课程涉及的生产、管理和服务中实际问题能力得到有效提升	通过课程学习学生综合应用知识能力和独立解决课程涉及的生产、管理和服务中实际问题能力有一定提升	6
7.课程特色加分		课程特色是指在课程的教学队伍、教学内容、教学条件、教学方法与手段、教学状态等方面具有的独特性，及产生的出色教学效果。课程团队需提供具备说服力的支撑材料佐证课程的"独特"和"出色"		10

第五节　院系教学评估

根据 PDCA 循环理论，我校每年年初公布学校党政工作要点，教务处依据党政工作要点中提出的质量目标，制定二级学院年度教学工作目标任务清单，发布教务处双周工作计划，二级学院依据上述文件制订本学院双周工作计划，按计划落实各项工作，为检验学院教学工作完成情况，教务处研制了"三维四级"的二级学院考核指标体系，三维指常规工作、改革创新工作、标志性成果创建工作，四级包括一级、二级指标，考核点、评分要点四级指标。依据指标落实学院考核工作，反馈考核报告，推进二级学院形成持续改进的质量文化。

一、"三维四级"的二级学院教学工作目标任务考核指标体系（见表 3-11）

表 3-11　"三维四级"的二级学院教学工作目标任务考核指标体系

属性	一级指标	二级指标	考核点	采分点及评价要点	考核方式
常规工作（60%）	1.组织运行	1.1制度建设	教学管理制度	1. 修制订：根据新时期教学管理变革趋势，针对本学院发展面临的实际问题，制定适合的内部管理制度，质量高（0.5～4分） 2. 执行与效果：可操作性强，有落实，有实效（0.5～2分）	查阅学院本年度新修制订的教学管理制度；访谈院领导和教师
		1.2计划与总结	计划与总结	完备与质量：本学院年度教学工作计划、总结完备，突出教学重难点工作的谋划和落实，推行学期双周工作计划编制与管理（0～3分）	查阅资料等

续表

属性	一级指标	二级指标	考核点	采分点及评价要点	考核方式
常规工作（60%）	1. 组织运行	1.3 经验交流	教学工作经验和成效交流	宣传报道：教学工作经验和成效及时在网站、报刊、《教学简报》等媒介上宣传报道（校内 0.5 分/篇，校外媒体 1 分/篇，省教育厅 2 分/篇，同一篇报道计分按照就高不就低原则执行，该项最高计 6 分）	二级学院提供宣传报道链接汇总表，由教务处质量科核实并统计评价
		1.4 材料报送	材料报送	时间及质量：按时报送材料，且材料质量符合相关要求，质量高（0~7 分）	教务处相关科室根据业务归口和日常记载，各选择本年度 2~3 项重点工作进行评价
	2. 培养过程	2.1 培养方案	1. 人才培养方案修订	1. 目标定位：培养目标符合学校定位、适应社会经济发展需要、体现学生德智体美劳全面发展（0~4 分） 2. 标准与理念：符合国家专业类标准、体现产出导向理念（0~2 分） 3. 突出能力培养：强化实践教学、突出实验实训内容的基础性和应用性、注重培养学生应用能力（0~2 分） 4. 发挥专业建设指导委员会作用（0~2 分）	查阅资料；参考人才培养方案评审结果
			2. 人才培养方案配套教学大纲修订	1. 形式审查：符合《安康学院本科课程教学大纲修订指导意见（修订）》的有关要求，格式体例规范（0~4 分） 2. 内容审查：课程教学目标的设置、课程教学目标与毕业要求支撑关系、课程考核及成绩评定的合理性（0~6 分）	调阅人才培养方案及课程教学大纲，访谈系（室）主任和课程负责人

续表

属性	一级指标	二级指标	考核点	采分点及评价要点	考核方式
常规工作（60%）	2.培养过程	2.2专业建设	1.学士学位授权评估	评估结果：未通过按照3分/专业扣	以省学位办文件为准
			2.新设专业检查评估	评估结果：不合格（或整改）按照3分/专业扣分	根据省教育厅检查评估结果为准
			3.新专业建设（未满3届毕业生）	措施及成效：参照《陕西省普通高等学校新设专业建设标准》，本年度新专业建设采取的措施及取得的成效（0.5~2分）	访谈专业负责人，查阅材料
			4.专业调整	停招、撤销专业：按照1分/专业计分	教务处教学科根据学院实际情况评价
			5.基层教学组织工作	1.管理运行： （1）工作计划：二级学院对系（室）主任、专业负责人有要求，相关责任人每学期有工作计划（0~1分） （2）活动记录：教研活动每个系（室）每学期≥8次，记录规范（0~1分） （3）工作总结：相关责任人每学期有工作总结（0~1分） （4）考核记录：对相关责任人有考核，强化其主体责任意识（0~1分） 2.效果良好：抓好工作计划的实施，及时研究教学工作，推进难点重点工作的落实（1~2分） 3.开展专业负责人说专业活动：效果好（0~3分）	查阅网站新闻、文件、资料、考核会议记录；访谈专业负责人、系（室）主任

续表

属性	一级指标	二级指标	考核点	采分点及评价要点	考核方式
常规工作（60%）	2. 培养过程	2.2 专业建设	6. 专业评估	1. 参与情况：学院能按时提交专业评估有关资料，质量高（0~4分） 2. 评估结果：优秀、良好、合格分别按照专业计5分、3分、1分；不合格扣2分/专业	教务处质量科、教学科根据有关情况直接评价
常规工作（60%）	2. 培养过程	2.3 实践教学	1. 实践教学环节落实情况	1. 开设情况：毕业生人才培养方案中规定的所有实践类课程足额开出，有一定数量的综合性、设计性实验，实验实训室开放范围、时间、内容满足学生需要，学生覆盖面广，实验实训见习实习管理规范有序，落实到位（1~3分） 2. 资料归档：应届毕业生8学期实践课程过程材料，见习实习计划、指导、考核及总结等材料收集齐全，归档规范（0.5~2分） 3. 非毕业班实践教学：进一步规范、优化实践类课程的实施计划、实施过程资料、总结等（1~4分）。（与教学大纲的契合度1分；过程材料翔实2分；格式体例规范1分）	调阅人才培养方案；抽查应届毕业生实验实训、见习实习等实践环节过程材料；二级学院关于实践类课程实施的指导性管理文件；非毕业班本学年实践课程教学资料
常规工作（60%）	2. 培养过程	2.3 实践教学	2. 实验实训室安全	1. 安全教育及安全检查：能够对标《高等学校实验室安全检查项目表》，并结合学院实际，积极开展实验实训安全教育，定期检查（0.5~2分） 2. 整改台账使用情况：持续用好实验室问题整改台账，夯实实验室安全管理各项工作（0.5~2分）	查阅安全教育及安全检查记录；查阅问题整改台账建立及销号情况，访谈实验室主任（副主任）

续表

属性	一级指标	二级指标	考核点	采分点及评价要点	考核方式
常规工作（60%）	2. 培养过程	2.3 实践教学	3. 教育实习、专业实习管理	1. 教育实习：学生实习成绩评定表等资料不规范（按照0.2分/份扣）； 2. 专业实习管理：依据专业特点制定有专业实习管理制度（带队教师管理、工作量计算细则、实习材料规范及实习成绩评定依据等），效果良好（1~2分）	教育实习由教务处实践科评价；查阅资料、访谈
			4. 校外实践教学基地建设与管理	实践教学基地数量：确保每个专业有3个及以上与专业培养目标相符，稳定高质量的校外实践教学基地，数量不足时按照1分/专业扣	教务处实践科根据学院实际情况评价
			5. 大学生创新创业计划项目实施	国省项目结题率（C）：C≥90%，计4分；80%≤C<90%，计3分；70%≤C<80%，计2分；60%≤C<70%，计1分；C<60%，不计分	教务处实践科根据结题验收情况评价
			6. 毕业论文（设计）	1. 质量：应届毕业生毕业论文（设计）选题、论文（设计）水平、论文（设计）内容、教师指导及评阅质量（1~3分）； 2. 选题及指导：选题来自行业企业一线需要（50%以上），实行校企"双导师"制（1~2分）； 3. 归档：材料齐全，签字规范，装订美观，资料袋及《毕业论文（设计）归档登记表》信息填写完整规范（0.5~2分）； 4. 抽检：在省厅抽检中出现"存在问题毕业论文"的，按照3分/篇扣分	根据《毕业论文（设计）归档登记表》，3个及以上专业的学院每个专业随机调阅8份；1-2个专业的学院每个专业随机调阅10份。毕业论文（设计）抽检结果以省厅通知文件为准

续表

属性	一级指标	二级指标	考核点	采分点及评价要点	考核方式
常规工作（60%）	2.培养过程	2.4课堂教学	1.教材选用与排查	1. 选用质量：严格执行教材选用办法，禁止不合规教材进课堂，教材质量好。选用问题教材按照1分/本扣； 2. 教材征订：教材征订单按照通知要求，填写规范、审核严格、提交及时（0~3分）； 3. 教材建设：面向行业企业实际、产业发展需要的应用型教材建设情况（0~3分）； 4. 教材专项排查：按照上级文件要求，认真开展教材排查工作，排查问题教材，按照2分/本扣（学院自查发现的不扣分）	查看教材排查相关过程材料、样书库建设情况 教务处综合科根据核查情况直接评价
			2.课程（群）建设	1. 建设情况：编制课程群建设计划，制定教学大纲，围绕课程改革开展教研活动，组织课改类项目申报与建设（0~2分）； 2. 负责人：有工作计划，有工作总结，有考核记录（0~2分）	查阅新闻报道或支撑材料、工作总结、教研活动记录、年终考核会议记录等相关材料；访谈专业课程（群）负责人
			3.课程评估	按照要求完成课程评估任务，资料齐备，归档规范（0~4分/学院）	工作情况由教务处质量科根据工作情况直接评价
			4.评教评学参与率	1. 教评学参与率：根据系统统计的学院教师参评率（C）评价（0~2分）； 2. 学评教参与率：根据系统统计的学院学生参评率（C）评价（0~2分）	教务处质量科根据网上评教数据直接评价

续表

属性	一级指标	二级指标	考核点	采分点及评价要点	考核方式
常规工作（60%）	3. 教师队伍	3.1 教学能力	1. 校级教改项目申报与验收	1. 立项情况：申报按照0.2分/项计，立项按照1分/项计，其中"双主持人"立项达20%以上（1分）； 2. 验收情况：优秀按照1分/项计，不合格按照1分/项扣	教务处教育研究室根据申报、立项和验收结果直接评价
			2. 校级教学成果奖申报及获奖	1. 申报情况：申报按照0.5分/项计； 2. 获奖情况：特等、一等、二等奖分别按照4分、2分、1分/项计	教务处教育研究室根据申报、获奖结果直接评价
		3.2 教学投入	教授授课	授课情况：二级学院教授、副教授每人每学年至少讲授1门理论课程，未完成按照1分/人扣	教务处教务科根据每学期教学任务安排直接评价
		3.3 教师发展	教学管理队伍建设	业务学习：教学管理队伍人员稳定（特别是秘书），抓好业务学习等工作（0~2分）	访谈院领导、两办主任、系主任、教学秘书等；查阅会议记录、新闻报道
	4. 学生发展	4.1 理想信念	考风建设	1. 措施：学院采取有效措施，教育引导学生诚信应考（0~2分）； 2. 考风：根据考试作弊的学生次数，按照0.5分/生·次扣	查阅资料、访谈师生；考风项得分，由教务处考试科根据统计直接评价
		4.2 学业成绩及综合素质	体育、美育、劳动教育	1. 体育、美育实施细则制定：体育学院和艺术学院制定相应的实施细则，细则科学合理并取得实效（0~2分）； 2. 落实体育、美育的成效：根据实施细则有效落实，过程材料翔实，不流于形式（0~2分）； 3. 劳动教育落实情况：劳动教育实践管理得到有效落实，材料翔实，不流于形式（0~2分）	查阅资料 体育和美育分别由体育学院和艺术学院给其他12个学院评分

续表

属性	一级指标	二级指标	考核点	采分点及评价要点	考核方式
常规工作（60%）	5.质量保障	5.1质量管理	1.教学管理	1.调停课规范：按照《安康学院调课管理实施办法》，规范调停课手续，未按规定报备相关手续按照0.5分/人·次扣； 2.教学事故处理：学院自己查处上报教学事故按照2分/件计；主动配合调查学校查处的教学事故，环节完备，提出的初步处理意见合理，按照1分/件计； 3.教学秩序巡查情况：有效落实学院每周巡查制度，记录内容规范详细，不流于形式。特别是要加大实践教学、公共选修课和课改项目质量的监控力度，巡查有成效，及时发现问题，及时反馈整改。（0~2分）	教学秩序巡查情况考核为：查阅教学秩序巡查、反馈、整改全过程材料；其他为教务处质量科根据教学秩序巡查及教学事故处理通报情况直接评价
			2.二级学院督导管理	1.工作计划：二级学院对院级督导有要求，相关责任人每学期有工作计划（0~0.5分）； 2.亮点工作：督导工作有亮点（0~0.5分）； 3.个人工作总结：院级督导每学期有工作总结（0~0.5分）； 4.考核记录：对院级督导有考核，强化其主体责任意识（0~0.5分）	检查每学期的工作计划、亮点工作新闻报道或支撑材料、工作总结和年终考核会议记录
		5.2质量改进	1.课堂教学质量	课堂教学效果：学院领导班子高度重视，狠抓课堂教学质量，举措得力，课改成效明显（2~8分）	根据学校领导及教学督导听评课、网上评教结果、学生教学信息员反馈情况等评价

续表

属性	一级指标	二级指标	考核点	采分点及评价要点	考核方式
常规工作（60%）	5. 质量保障	5.2 质量改进	2. 领导、系（教研室）主任及督导小组听评课	1. 听评课次数：每人每学期听评至少4次，未完成按照0.2分/人·次扣； 2. 听评课质量：听评课记录翔实，打分规范，能够发现问题，及时反馈并跟踪整改成效，形成闭环管理机制（0~2分）	次数由质量科结合教学信息员反馈表统计，质量由专家查阅听评课记录表评价
		5.3 质量文化	1. 师生图书借阅情况	图书借阅量：师生年图书借阅4~6册，其中专业课相关的图书≥50%（1~2分）	依据图书馆反馈情况直接评价
			2. 质量文化建设	措施与成效：二级学院有相关措施，引导形成自觉、自省、自律、自查、自纠的质量文化（0~3分）	查阅资料，访谈师生
	6. 教学成效	6.1 达成度	试卷及课程目标达成度评价	1. 质量：2021—2022学年试卷的试题质量、卷面质量和评阅质量（0~2分）； 2. 归档：材料齐全，签字规范，装订美观，《试卷归档登记表》信息填写完整规范（0~1分）； 3. 新版课程考试命题双向细目表：全面推行、规范填写，权重与分值分布科学合理（0~5分）； 4. 课程目标达成度评价：依据《安康学院课程目标达成度评价管理办法》要求，开展课程目标达成度评价（0~5分）	根据《试卷归档登记表》，3个及以上专业的学院每个专业随机调阅3门课程试卷；1~2个专业的学院每个专业随机调阅5门课程试卷
		6.2 适应度	学生考研情况	录取率：根据考研录取率由高到低，1~3名计4分，4~6名计3分，7~9名计2分，10~13名计1分（考研录取率为0的，不计分）	教务处实践科根据统计数据直接评价

续表

属性	一级指标	二级指标	考核点	采分点及评价要点	考核方式
常规工作（60%）	6.教学成效	6.3保障度	1.生师比	专业生师比：突破22∶1的专业按照1分/专业扣	教务处根据掌握的各专业学生、专任教师、外聘教师信息表
			2.数据采集	数据采集：注重数据收集与应用，配合做好本年度教学基本状态数据（0~1分），实验室年报数据采集（0~1分），毕业班师范生考取教师资格证书信息统计（0~1分）	教务处质量科、实践科根据资料收集情况直接评价
改革创新工作（20%）	1.办学方向与本科地位	思政教育	1.校级"课程思政"示范课建设项目	1.立项情况：申报按照0.2分/门、立项按照1分/门计；2.验收情况：优秀按照1分/门计；不合格按照1分/门扣	教务处教学科根据申报立项和验收结果直接评价
			1."课改沙龙"及课堂观摩	1."课改沙龙"：每个专业每学期至少组织1次"课改沙龙"活动，未完成按照0.5分/次扣；2.课堂观摩：结合课堂教学创新、课程思政示范课等每学期至少组织1次课堂观摩活动，未完成按照0.5分/次扣	二级学院提供学院新闻报道链接汇总表，由教务处教学科核实并直接评价
	2.培养过程	2.1专业建设	1.专业认证	1.计划制订：学院相关专业制订本年度专业认证工作计划（0~3分）；2.落实情况：对照认证指标，查漏补缺，做好专业认证工作，有措施，有过程材料（师范类专业学生教师资格证考取率等）（0~5分）	提供本年度相关认证专业建设计划，查阅任务完成实证材料，访谈院领导及专业负责人
			3.新专业、第二学士学位申报	申报：新专业申报并获批，按照2分/专业计；第二学士学位申报并获批，按1分/专业计	教务处教学科、教务科依据上级批复文件直接评价
			4.创新实验班试点	建设成效：试点工作开展情况及成效（0~2分）	听汇报、查阅资料

续表

属性	一级指标	二级指标	考核点	采分点及评价要点	考核方式
改革创新工作（20%）	2. 培养过程	2.2 实践教学	1. 校级示范性实践教学基地	1. 基地建设情况：按任务书进行考核（0~2分）； 2. 验收情况：不合格按照1分/个扣	建设情况：查阅任务书和任务完成实证材料，访谈基地负责人；验收：教务处实践科根据验收情况直接评价
			2. 产学合作协同育人项目	1. 立项：按照1分/项计（此项最高5分）； 2. 结题率（C）：C≥90%，计2分；80%≤C<90%，计1.5分；70%≤C<80%，计1分；60%≤C<70%，计0.5分；C<60%，不计分； 3. 项目转化：产业技术发展成果、产学研合作项目转化为教学资源（2分/项）	教务处实践科根据检查情况直接评价
			3. 教育部"1+X"证书项目	1. 立项：按照1分/项计； 2. 建设成效：实施有成效（0~2分/项）	立项：教务处实践科根据申报立项情况直接评价；成效：听汇报，查阅资料
			4. 产业学院建设	建设成效：有年度工作计划，任务分工明确，建设有成效（0~2分）	听汇报，查阅资料
		2.3 课堂教学	公共课教学改革	1. 措施：公共课程教学改革有方案（措施）（0~2分）； 2. 成效：公共课程教学改革有成效（0~2分）	听汇报，查阅资料
		2.4 卓越培养	1. 一流专业	考核：不合格0分、合格2分、中等3分、良好4分、优秀5分	教务处教学科根据"一流专业"提交的相关资料情况直接评价

续表

属性	一级指标	二级指标	考核点	采分点及评价要点	考核方式
改革创新工作（20%）	2. 培养过程	2.4 卓越培养	2. 双师课程建设	1. 立项情况：申报按照0.2分/门、立项按照1分/门计； 2. 验收情况：优秀按照1分/门计；不合格按照1分/门扣	教务处教学科根据申报立项和验收结果直接评价
			3. 混改课程	1. 立项情况：2022年度平均每个专业至少立项1门，超数量按照0.5分/项计，未完成按照0.5分/项扣； 2. 验收情况：按照A级2分/门、B级1.5分/门、C级1分/门、D级0.5分/门计	教务处教学科根据申报立项和验收结果直接评价
			4. 课程考核方式改革	1. 考核方式改革：依据课程教学大纲，聚焦课程目标，推进过程评价与结果评价相结合的多维度课程考核方式改革。（过程性考核依据明确、资料翔实，计1~2分）； 2. 非试卷考核规范化：有非试卷考核管理规定，并有效落实（0~2分）	查阅资料，访谈师生
	3. 教学资源与利用	资源建设	共建资源	共建情况：行业企业课程资源库、真实项目案例库建设及共享情况（0~3分）	查阅资料，访谈
	4. 教师队伍	4.1 教学能力	1. 校级教师教学竞赛	获奖：由高到低按照4分、3分、2分、1分/项计	教务处教学科根据学校文件直接评价
		4.2 教学投入	1. 学业导师制	学业导师工作绩效：学业导师指导学生发展业绩情况（0~3分）	查阅学业导师考核材料
		4.3 教师发展	1. 教师教学业务培训	培训人次：平均每个专业每年至少有3人次参加线上、线下的校外业务培训，未完成按照0.5分/人·次扣	二级学院提供参加培训、内部交流情况新闻报道链接，由教务处质量科核实并直接评价

续表

属性	一级指标	二级指标	考核点	采分点及评价要点	考核方式
改革创新工作（20%）	4. 教师队伍	4.3 教师发展	2. 校级虚拟教研室	申报立项情况：申报按照0.2分/门、立项按照1分/门计	教务处教学科根据申报立项和验收结果直接评价
			3. 教师培养	培养情况：加强青年教师及新进教师培养力度，建立教师成长档案（0~2分）	查阅资料，访谈
	5. 质量保障	5.1 质量管理	1. 新教案模板使用	1. 新模板全覆盖：学院积极推进新教案模板的使用，教师备课均采用新教案模板（1~4分）； 2. 质量高：教案和教学进度表编写质量高（1~4分）	3个及以上专业的学院每个专业随机调阅3份；1~2个专业的学院每个专业随机调阅5份
			2. 完善院、系教学质量监控体系	质量管理创新举措：对"教、学、管"实施全程管理、全面评价，教学质量自我管理、自我监控有创新措施及效果（0~2分）	听汇报，查阅资料
		5.2 质量改进	教学问题台账	1. 台账：多渠道获取教学问题信息，并建立台账（0~2分）； 2. 整改：做好各种教学反馈问题的整改，强化闭环管理机制（0~2分）	查阅资料，访谈
	6. 教学成效	6.1 保障度	外聘企业行业专家来校授课	行业企业专家授课：推进外聘行业企业教师来校授课，进课表进课堂，每学期平均每个专业至少有1门课程由外聘行业企业教师主讲，未完成的按照1分/专业扣	教务处教务科根据课表安排情况直接评价
		6.2 满意度	人才培养质量评价	评价机制与实施情况：内部评价与外部评价相结合，多角度评价学生和用人单位的满意度，完善人才培养质量反馈机制（0~2分）	查阅资料，访谈

续表

属性	一级指标	二级指标	考核点	采分点及评价要点	考核方式
标志性成果创建（20%）	1.培养过程	1.1 实践教学	1.省级实验教学示范中心	1. 申报：按照 0.2 分/项计； 2. 推荐上报：按照 0.5 分/项计； 3. 获批：获批按照 10 分/项计	教务处实践科根据省教育厅评审结果直接评价
			2.省级虚拟仿真实验教学中心	1. 申报：按照 0.2 分/项计； 2. 推荐上报：按照 0.5 分/项计； 3. 获批：按照 10 分/项计	教务处实践科根据省教育厅评审结果直接评价
		1.2 卓越培养	1.国家级、省级"四新"建设项目	1. 申报：按照 0.2 分/项计（不重复计）； 2. 推荐上报：按照 0.5 分/项计； 3. 获批：获批国家级、省级"四新"建设项目分别按 12 分、6 分/项计； 4. 验收：优秀按照 2 分/项计，不合格按照 2 分/项扣	教务处教育研究室年终统计评价
			2.国家级、省级一流专业	获批国家级、省级一流专业分别按照 20 分、12 分/专业计	教务处教学科根据教育部、省教育厅认定结果文件直接评价
			3.专业认证	1. 申报：按照 0.5 分/专业计； 2. 受理：按照 4 分/专业计； 3. 通过：按照 20 分/专业计	教务处质量科根据教育主管部门结果公布文件直接评价
			4.国家级、省级一流课程（含国家级、省级课程思政示范课、示范团队）	1. 申报：按照 0.2 分/门计（不重复计）； 2. 推荐上报：按照 0.5 分/门计； 3. 获批：获批国家级、省级一流课程分别按 12 分、6 分/门计	教务处教学科根据省教育厅结果公布文件直接评价

续表

属性	一级指标	二级指标	考核点	采分点及评价要点	考核方式
标志性成果创建（20%）	1. 培养过程	1.3 创新创业教育	1. 学生获得省级及以上政府竞赛奖	1. 国家级奖项：获国家级一、二、三等奖分别按照8分、6分、4分/项计； 2. 省级获奖：获省级一、二、三等奖分别按照6分、4分、2分/项计 说明：冠军（金奖）、特等奖等同于一等奖，亚军（银奖）等同于二等奖，季军（铜奖）等同于三等奖，如冠亚季军、金银铜奖从一等奖获得者中决出，则按一等奖计算	教务处质量科年终统计评价
			2. 国家级、省级大学生创新创业训练计划项目	获批项目数：获批国家级、省级大学生创新创业训练计划项目分别按照3分、1.5分/项计	教务处实践科根据统计数据直接评价
	2. 教师队伍	教学能力	1. 教师教学竞赛	获奖等级：政府主导的教学竞赛，国家级由高到低分别计20分、15分、10分、5分/项，省级由高到低分别计10分、6分、4分、2分/项。单学科竞赛按0.6的系数折合计算	教务处教学科根据主办单位结果公布文件直接评价
			2. 国家级、省级教改项目	1. 申报：按照0.2分/项计； 2. 推荐上报：按照0.5分/项计； 3. 立项：国家级、省级分别按照12分、6分/项计； 4. 验收：优秀按照2分/项计，不合格按照2分/项扣	教务处教育研究室根据申报和立项结果直接评价
			3. 国家级、省级优秀教材	获奖等级：国家级按照特等、一等、二等奖，20分、15分、10分/项计；省级特等、一等、二等奖按照10分、8分、6分/项计	教务处综合科根据上级部门的评审结果直接评价

续表

属性	一级指标	二级指标	考核点	采分点及评价要点	考核方式
标志性成果创建（20%）	2. 教师队伍	教学能力	4. 教育教学研究论文	1. 数量：平均每个专业1篇，未完成按照1分/专业扣； 2. 质量：核心期刊按照4分/篇计，普通期刊按照1分/篇计	教务处教育研究室年终统计
			5. 国家级、省级教学成果奖申报及获奖	1. 推荐上报：按照0.5分/项计； 2. 获奖：国家级获特等、一等、二等奖分别按照30分、25分、20分/项计；省级获特等、一等、二等奖分别按照20分、12分、8分/项计	教务处教育研究室根据推荐上报和获奖结果直接评价
			6. 教学名师	1. 校级：按照4分/人计 2. 省级：按照12分/人计 3. 国家级：按照25分/人计	教务处教育研究室根据推荐和获奖结果直接评价
	3. 学生发展	学业成绩及综合素质	学生获得专利及发表论文、作品	1. 专利数：在校生申请获准的发明专利，按照6分/项计；获批实用新型专利、外观设计专利或软件著作权，按照2分/项计； 2. 论文数：在校生在国内外正式学术刊物上以第一作者发表学术论文，核心期刊，按照4分/篇计；普通期刊，按照1分/篇计； 3. 作品数：在校生在国内外正式出版刊物上以第一作者发表的作品，按照1分/篇计	教务处质量科年终统计评价

二、考核报告（示例）

（一）考核情况

学校 2022 年度二级学院教学工作考核采用线上、线下结合的方式进行考核，考核专家组由各二级学院教学副院长，教务处处长、副处长等共 17 人组成。2023 年 1 月 10 日至 1 月 20 日，考核组利用安康学院本科教学质量保障监测平台完成了线上考核部分打分。2023 年 2 月 13 至 2 月 16 日，专家组完成了线下考核部分打分。本次考核依据《安康学院各二级学院 2022 年度目标任务清单》《2022 年度二级学院教学工作目标任务考核指标体系》，分为常规工作、改革创新工作和标志性成果创建三大类，主要包括办学方向与本科地位、组织运行、培养过程、教学资源与利用、教师队伍、学生发展、质量保障、教学成效等 8 项内容。

（二）特色亮点及考核概况

1. 特色亮点

（1）课程思政有落实，学生学习有成效，教师教学有成果；

（2）构建"教、学、练"一体化平台，为教育教学改革开辟新路径。

2. 考核概况

（1）优点：能够重视产学合作协同育人，学生产出导向得到体现，学生在获得专利及发表论文成果方面较为显著。

（2）不足：外聘企业行业专家来校授课工作较为薄弱；示范性实践教学基地建设力度还不够；学院还需进一步重视教学督导工作，加大对教学督导的支持力度，充分发挥教学督导作用；教师业务能力培训和外出学习还不够；课程教学大纲还需进一步完善；教师教育教学研究还不足。

（三）发现的问题

1. 试　卷

（1）评分标准不够细致，部分教师试卷批阅不规范，未严格按照评分标准给分；

（2）个别课程学生及格率过低；

（3）部分试卷评阅人签字缺失。

2. 毕业论文

（1）部分学生的任务书、开题报告、正文、参考文献与定稿论文一模一样，不符合逻辑；

（2）答辩记录单中的记录太简单、答辩申请表中的评阅意见及指导意见非手写；

（3）部分论文指导教师、评阅人评阅意见较简单；

（4）无双导师，来自行业企业题目较少；

（5）部分论文材料中验收单未填完、缺少论文作者原创性声明。

3. 实践教学落实环节

（1）没有详细的评分标准，教师批阅随意或无批阅痕迹；

（2）部分课程缺少课程实施计划（方案）、安全审批、成绩分析、总结等过程材料。

（四）整改要求

（1）请学院结合本次考核中发现的问题，建立学院教学问题整改销号台账，举一反三，认真整改落实（具体问题详见附件）。

（2）学校2023年度教学工作考核时，本次考核问题的整改落实情况将作为主要赋分内容之一。

附件：

一、试卷检查问题

1. 2021级《电子商务概论》：（1）总评成绩分析表考核形式未勾选；（2）案例分析的评分标准不细致，未说明小分，评阅时也未给小分。

2. 2020级《外国美术史》：（1）答案及评分标准模板不对；（2）评卷人签字不完整；（3）作品分析评分标准未给细则和小分。

3. 2019级《艺术概论》：部分试卷评卷人未签名，简答题、论述题批阅时未给小分；

4. 2019级物联网工程1班《单片机原理及应用》：成绩构成中有4次作业，但试卷归档材料中未存档，为认证建议保存几份；

5. 2019级数媒《虚拟现实技术》：非笔试考试材料中实验作品报告批改评分使用的"A/B/C"等级，但成绩单中成绩全部为百分制记录；

6. 2019级物联网《物联网原理与技术》：试卷装订不规范（样卷）；

7. 2019级《管理学》：答案样卷评分没有给出大题的小分，考核形式未勾选；评阅时无小分；

8. 2019级《微机原理与接口技术》：评阅无小分，成绩分析表未装订；

9. 2020级《软件工程》：无双向细目表，无成绩分析表；

10. 2020级电子信息工程《数据结构与算法》：考核形式未勾选，该课程期末考试及格率为32.69%，平时成绩及格率88.46%，相差较大；

11. 2020级应用物理学《数字电子技术》：成绩分析表考核形式未勾选，课程及格率为22.58%，作业及格率为100%，差异较大；

12. 2021级《理论力学》《物联网原理技术》：期末考试成绩及格率都不足35%，在评阅中计算题没有细化评分，只打了总分；

13. 2021级《物联网组网技术》：课程论文教师打分不规范，建议统一设计一个打分位置，教师基本没有评语，只打了分数。

二、毕业论文发现问题

1. 指导过程记录及各项评语建议采用手写，不建议盖章或打印签名图片；

2. 部分同学（如党××）任务书的研究内容已经编章，任务书、开题报告正文、参考文献与定稿论文一模一样，均表明材料是倒过来完成的，不符合逻辑；

3. 论文任务书中第四部分"内容"与论文原文相似，很具体，是否完成论文后才写的任务书？

4. 答辩记录单中的记录太简单、答辩申请表中的评阅意见及指导意见未手写；

5. 论文格式不统一、中期检查表不统一；

6. 开题报告中，教师只写"同意开题"比较简单；

7. 部分论文指导教师、评阅人评阅意见较简单；

8. 无双导师，来自行业企业题目较少；

9. 数字媒体技术 2018 级刘××和计算机科学与技术 2018 级王××，系主任评语未盖章，参考文献"M"类的文献格式不规范，缺失城市名；

10. 部分论文材料中验收单未填完、缺少论文作者原创性声明。

三、实践环节发现问题

1. 2019 级《计算机网络实训》成绩登记表学分未标注，报告无批阅，仅有成绩；

2. 2018 级数媒 1 班《毕业实习》：（1）成绩分析表考核形式未勾选；（2）实习计划、安全预案未装订；

3. 2018 级《HDL 嵌入式课程设计》成绩表学分未标明；

4. 2018 级计算机单招班《计算机组装与维护》小结、实训（方案）计划太过简单；

5. 2018 级计算机单招班《专业见习》：方案撰写中课程名称多处表述错误，见习只安排了一天，不符合教学大纲要求；方案中无考核方式和评分标准，见习报告评阅不规范，没有评阅人签名；

6. 2018 级《专业实习》实习安全承诺书无盖章；见习报告无评阅，无分数，无签名，成绩全部为"优"；

7. 2018 级电子商务《专业见习》：安全承诺书无学院签章，见习报告评阅无教师签名和成绩，无评分标准；

8. 2018 级应用物理学《教育实习》：无计划、评分标准、成绩分析表、总结等；《虚拟现实技术》：课程实验作品报告教师打的是对号，但成绩区分了 A/B/C，没有体现得分点在哪里；

9. 2019级《数据结构与算法课程设计》：评分标准中有答辩占20%，而在论文成绩组成部分中没有答辩环节。

四、整改意见

1. 质量文化建设只有一份质量文化建设的报告，没有突出亮点的支撑材料；
2. 课程教学大纲需要进一步完善；
3. 人才培养质量评价不充分。

第四章

以专业认证为抓手推动质量文化建设

专业认证是质量文化建设的重要抓手。安康学院在专业认证，尤其是师范类专业认证方面进行了一系列创造性探索，构建了基于达成评价的持续改进机制，专业内涵建设得到进一步强化，专业认证成效显著，截至目前完成3个师范专业的第二级认证专家进校考察工作，今年又有4个师范类专业认证申请获得受理。在参与认证的专业带动下，全校的质量文化建设迈上新台阶。

第一节 认证工作与质量文化建设

一、专业认证对于质量文化建设的意义

专业认证作为一种对专业教育质量进行评估和保障的手段，其意义不仅仅在于对专业设置、课程体系、师资队伍等方面的规范性审查，更在于通过这一过程，推动整个机构形成浓厚的质量文化氛围。

首先，专业认证促使高校明确质量标准。在认证的要求下，高校必须清晰地界定本专业的培养目标、毕业要求以及课程对毕业要求的支撑关系等。这一系列的标准制定过程，使得高校对教育质量有了更为精准的把握，为质量文化的建设奠定了基础。

其次，专业认证强调持续改进的理念。这一理念贯穿于认证的整个过程，要求高校建立起有效的质量监控机制，定期对教学过程和教学效果进

行评估，发现问题并及时采取改进措施。这种持续改进的机制，有助于培养高校全体成员的质量意识，使追求高质量成为一种自觉的行为习惯。

再者，专业认证促进了教育资源的优化配置。为了通过认证，高校往往会加大对专业建设的投入，包括师资培训、教学设施更新等，从而提高教育教学的整体水平。同时，认证也能够引导高校合理规划专业布局，避免资源的浪费和重复建设，实现教育资源的高效利用。

此外，专业认证还加强了高校与外部的交流与合作。在认证过程中，高校能够借鉴其他高校的先进经验，了解行业的最新需求和发展趋势，从而不断完善自身的教育教学模式。这种开放的交流与合作，有助于打破高校内部的封闭状态，为质量文化的建设注入新的活力。

总之，专业认证是推动高校质量文化建设的有力杠杆。通过明确质量标准、倡导持续改进、优化资源配置以及加强交流合作等途径，专业认证能够促使高校形成重视质量、追求卓越的文化氛围，为培养高素质的专业人才提供坚实的保障。

二、构建基于达成评价的持续改进机制

专业认证强调的是主线思维与底线思维，主线是 OBE 理念，即基于产出导向的反向设计与正向施工方法；底线是要求学校建立基于达成评价的持续改进机制。

在追求卓越和应用型高校高质量发展的道路上，构建基于达成评价的持续改进机制是高校的重要任务。达成评价作为一种有效的评估手段，能够清晰地衡量目标的实现程度，为持续改进提供有力的依据和方向。

首先，明确达成评价的标准和指标是构建这一机制的基础。这些标准和指标应当与组织的战略目标紧密结合，具有明确性、可衡量性和可操作性。反映到师范类专业认证上，就是要科学设定专业培养目标、毕业要求和课程目标，这是一切评价的起点。

其次，建立全面、客观的数据收集系统至关重要。这包括收集内外部

对人才培养的反馈信息。丰富的数据来源能够提供更全面的视角，帮助准确识别问题和潜在的改进点。

再者，定期进行达成评价的分析和评估。运用数据分析方法，深入挖掘数据背后的原因和趋势。对于未达成的目标，要深入探究是由于策略不当、执行不力还是外部环境变化等因素所致。

在明确问题所在后，制定切实可行的改进措施。同时，建立有效的跟踪和监控机制，对改进措施的执行情况进行实时跟踪，及时调整和优化方案。

这一机制的有效运行，也营造了创新和改进的文化氛围。让师生充分认识到持续改进是学校发展的关键，鼓励他们积极参与、提出建议，使学校在不断变化的环境中保持竞争力，实现可持续发展。

安康学院在推动师范类专业认证，构建基于达成评价的持续改进机制的过程中，进行了一系列创造性工作。一是加强顶层设计，修订完善人才培养方案、教学大纲。进一步明确培养目标、细化毕业要求，合理制定毕业要求对培养目标、课程体系对毕业要求的支撑矩阵，给出评价标准。二是强化持续改进机制，加强过程性审核监控。修订教学大纲审核表、命题审核表、课程目标达成评价合理性审核表，强化反馈整改情况的督导检查。三是规范课程目标达成评价。研制面向目标考核的试卷模板，明确试题与课程目标的支撑关系。自主开发课程目标达成评价软件平台，编写毕业要求达成评价程序，达成评价更加科学规范，教师对OBE理念理解更加深刻，持续改进工作走深走实。

第二节　培养目标评价机制

人才培养目标是专业建设的灵魂和核心，是专业人才培养的主要依据，统领人才培养全过程各环节。人才培养目标评价是从宏观层面对专业人才培养质量情况的评判，包括合理性评价与达成情况评价。人才培养目标评价遵循"学生中心、产出导向、持续改进"理念。

一、评价目的

（1）通过开展培养目标的合理性评价，判断培养目标设置的科学合理性，判断其是否符合内外需求，并将评价结果作为培养目标修订的重要参考。

（2）通过开展培养目标的达成度评价，判断学生毕业5年左右培养目标的达成情况，并将评价结果作为毕业要求持续改进的重要依据[①]。

二、责任机构与评价主体

人才培养目标评价实行校院两级管理，学校统筹安排，二级学院组织实施。二级学院是人才培养目标评价组织与实施的责任主体，成立评价工作小组，明确专人负责评价工作。评价工作小组成员由二级学院领导、专业建设委员会委员、教学督导、系主任、专业负责人和专任教师等组成，其中院长为第一责任人，教学副院长为直接责任人。

人才培养目标评价采取多主体参与评价机制。培养目标合理性评价主体可包括校内外管理专家、基础教育或其他所属行业领域专家、同行专家、专业任课教师、在校生、毕业生、教育或其他所属行业主管部门、用人单位、实习基地管理人员及指导教师、学生家长等利益相关方；培养目标达成情况评价主体包括用人单位、毕业后5年左右毕业生等。

三、评价依据与评价周期

合理性评价依据：党的教育方针，国家教师教育相关政策，国家、地区基础教育改革发展和教师队伍建设重大战略需求，《普通高等学校本科专业类教学质量国家标准》（以下简称《国标》）及各类专业认证标准，学校办学与人才培养目标定位，用人单位对人才发展潜力、专业技能、综合素质的需求，毕业生主流职业发展需求等。

达成情况评价依据：学生毕业后5年左右的职业发展状况。

评价周期：人才培养目标合理性和达成情况评价2~4年进行一次。

---

① 梁天. 审核评估视角下高校人才培养质量持续改进机制研究[D]. 东北石油大学，2022.

四、评价方法与评价步骤

人才培养目标评价坚持内部与外部评价相结合，综合应用直接和间接评价、定性与定量评价等多样化的评价方式。常用的评价方法包括个别访谈法、集体访谈法、问卷调查法和专家评议法等。评价前需对评价方法进行选择和优化，合理性评价和达成情况评价分别至少选择两种评价方法同时进行评价。

（一）访谈法

个别访谈法是指通过面对面口头交谈或通过电话、QQ、微信等方式以语音或视频交谈等方式直接向访谈对象了解人才培养目标合理性或达成度的评价方法。集体访谈法是指通过面对面集体座谈或者通过线上会议等方式直接向访谈对象了解人才培养目标合理性和达成度的评价方法。

具体操作步骤：

（1）根据评价依据设计访谈议题。访谈议题一般由系主任或专业负责人设计，教学副院长审核。访谈议题要紧紧围绕专业设置的人才培养目标是否与评价依据相吻合而设计，突出重点，聚焦问题。议题要覆盖评价依据的所有内容，要有区分度，内容不重复、不交叉。

（2）根据访谈议题选择有代表性的访谈对象。访谈议题要与访谈对象所从事的专业或工作领域或其切身利益密切相关。访谈毕业生还要考虑其工作年限的长短。访谈前，工作人员要主动与访谈对象联系沟通，明确好访谈内容、方式、时间和地点等；要提前将人才培养目标合理性或达成度评价的有关资料发放给访谈对象，让访谈对象做好接受访谈的准备工作。个别访谈一般每个议题至少选择5个、有代表性的访谈对象。集体访谈一般10人左右规模；可以开展多次集体访谈，以便掌握全面信息。

（3）实施访谈。工作人员应掌握一定的访谈技巧。访谈氛围要轻松，双方交流要平等；要以倾听为主，把大部分时间留给访谈对象，以获得足够的信息量；要根据访谈过程中获得的相关信息和初步结论，及时调整访谈角度和内容，既能获取完整信息，又能把问题谈准、谈透。

（4）整理、归纳和分析。工作人员要及时对访谈记录进行整理、归纳和汇总，做好信息过滤，剔除明显不合理或关联度不高的内容。评价工作组以集体评议的方式对汇总信息进行纵横比对和综合分析，形成有效衔接、相互支撑的信息链条，得出整体性的判断和明确结论，提出改进意见和建议。

（5）撰写访谈调查分析报告。调查分析报告应紧扣评价主题，简单明了。同时，整理好访谈记录、集体评议记录等材料并归档保存。

（二）问卷调查法

问卷调查法是指运用统一设计的问卷向被调查对象了解人才培养目标合理性和达成度的评价方法。

具体操作步骤：

（1）根据评价依据设计访谈调查问卷。调查问卷一般由系主任或专业负责人设计，教学副院长审核。问题设计是做好问卷调查的关键，要紧紧围绕人才培养目标是否与评价依据相吻合而设计，突出重点。问题要覆盖评价依据所有内容，内容不重复、不交叉。调查问卷要根据不同调查对象分别设计，问卷问题要与调查对象所从事的专业或工作领域或其切身利益密切相关。问卷设计可以是定量、定性或其他组合方式，可以是纸质问卷，也可以利用问卷星等工具设计成电子问卷。

（2）根据不同调查问卷选择有代表性的调查对象。如调查的问题涉及专业人才培养目标是否符合党的教育方针和国家教师教育或其他所属行业相关政策，国家、地区基础教育或其他所属行业改革发展和教师或其他所属行业人才队伍建设重大战略需求，《国标》及各类认证标准，学校办学与人才培养目标定位等，可选取校内外管理专家、基础教育领域或其他所属行业专家、同行专家、专业骨干教师、在校生、毕业后5年左右毕业生、教育或其他所属行业主管部门、用人单位、实习基地管理人员及指导教师等利益相关方作为调查对象。如调查的问题涉及专业人才培养目标是否符合用人单位对人才发展潜力、专业技能、综合素质的需求，毕业生主流职业发展需求等，则可选择教育或其他所属行业主管部门、用人单位、实习基地管理人员及指导教师、毕业后5年左右毕业生、学生家长等利益相关方作为调查对象。如调查的问题涉及学生毕业后5年左右职业发展状况是否与专业设立的人才培养目标一致等,则可选择毕业后5年左右毕业生、用人单位等利益相关方作为调查对象。

(3)调查实施。调查前,工作人员要主动与调查对象联系,让调查对象知晓调查的目的、意义和要求,并及时通过电子邮件、微信、QQ、邮箱等方式将调查问卷发放给调查对象。问卷调查实施工作可以由评价工作小组组织实施,也可以委托社会专门机构实施,问卷调查要确保样本数量合理。

(4)整理、统计和分析。工作人员要及时对回收的调查问卷进行整理、统计和分析,在深入分析统计结果的基础上,得出初步调查结论。评价工作小组以集体评议的方式对初步调查结论进行综合分析,得出整体性判断,提出改进意见和建议。

(5)撰写问卷调查分析报告。调查分析报告应紧扣评价主题,简单明了。同时,整理好调查问卷、统计分析记录、集体评议记录等材料归档保存。

(三)专家评议法

专家评议法是指以函评或会评方式邀请校内外同一专业领域内专家、专业认证专家、教学管理专家等通过审读和分析相关材料,对人才培养目标合理性或达成度做出整体判断的评价方法。

具体操作步骤:

(1)准备好供专家审读的有关人才培养目标合理性或达成度评价的材料。如人才培养方案,社会需求调研工作方案和分析报告,人才培养目标论证材料,毕业生跟踪调研报告,学校办学和人才培养目标定位阐述材料,用人单位对人才发展潜力、专业技能、综合素质的需求调研报告,毕业生主流职业发展需求调研报告等材料。

(2)组织评议。如采用函评的方式,则要及时将材料寄送至专家手中,并与专家保持密切联系,及时准确回复专家评审过程中提出的问题和补充需要的材料。如采取会议的方式，要聘请经验丰富的专家担任评议组组长，由组长组织评议。会议评议前，专业负责人要向专家组详细报告人才培养目标制定和达成的有关情况，回答专家组提出的问题。

（3）整理专家会议评议结论及提出的改进意见和建议。整理好会议记录、评审结论等材料并归档保存。

五、评价结果及应用

二级学院评价工作小组要对通过多种评价方法获得的评价结果进行综合分析，按学校要求形成"人才培养目标合理性评价"和"人才培养目标达成情况评价"分析报告，内容包括专业基本情况、评价依据、参评对象、评价方法、评价结果及分析、主要问题及改进措施等。分析报告和相关支撑材料（评价实施方案、相关记录、数据和结果使用情况）要完整、可追踪，由二级学院存档，保存6年。

评价结果要及时向全体教师和相关部门反馈，用于修订人才培养目标、毕业要求，优化课程体系等方面的工作，作为专业推进人才培养模式创新、深化教育教学改革的重要依据。

六、组织实施

人才培养目标评价实行教务处统筹协调、指导监督，二级学院具体组织实施的运行方式。二级学院要参照本办法，依据《国标》和《认证办法》中的有关要求，结合学科专业特点和实际，制定专业人才培养目标评价实施方案，定期对专业人才培养目标合理性和达成度进行评价；要根据评价结果制定改进措施，形成"评价—反馈—改进"闭环管理的持续改进机制，促进教育教学水平持续提升。

二级学院专业人才培养目标评价实施方案须经院长审核签字后执行，评价分析报告经教学副院长、院长审核签字后，报教务处备案，不断强化审核机制建设。

各二级学院在人才培养目标评价实施过程中，要结合专业特点创新评价机制和模式，规范和优化评价工作流程，不断完善面向产出的评价改进机制。

第三节 毕业要求评价机制

毕业要求是指通过本科阶段的培养，学生在毕业时应当具备的知识、能力和素质要求。科学合理的毕业要求既是实现人才培养目标的保证，又是构建课程体系，配置师资队伍、教学条件，制定教学质量标准和开展教学活动的逻辑依据[①]。毕业要求评价是从中观层面对专业人才培养质量情况的评判，包括合理性评价与达成情况评价。毕业要求评价遵循"学生中心、产出导向、持续改进"理念。为规范毕业要求达成评价，笔者编写了毕业要求达成评价程序和计算毕业要求达成评价的 Excel 模板，为全校各专业生成评价结果。

一、评价目的

（1）通过开展毕业要求合理性评价，判断毕业要求能否保证实现培养目标、毕业要求指标点分解是否合理（含支撑矩阵合理性）等情况，并将评价结果作为毕业要求修订的重要参考。

（2）通过开展毕业要求达成度评价，判断毕业要求的达成情况，并将评价结果用于课程体系与课程质量的持续改进[②]。

二、责任机构与评价主体

二级学院是毕业要求评价组织与实施的责任主体，二级学院院长对毕业要求评价的结果负责。各专业成立评价工作小组，评价工作小组成员由

[①] 张丹凤，曹芳，唐雪颖. 基于专业认证理念的地方师范院校人才培养方案的修订——以 M 大学生物科学专业为例[J]. 福建教育学院学报，2022，23（10）：60-62.
[②] 梁天. 审核评估视角下高校人才培养质量持续改进机制研究[D]. 东北石油大学，2022.

二级学院领导、专业建设委员会委员、系主任、专业负责人、教学督导、骨干教师代表、辅导员、应届毕业生代表等组成，其中教学副院长为第一责任人，系主任为直接责任人。

毕业要求评价采取多主体参与评价机制。毕业要求合理性评价主体可包括校内外专业认证专家、管理专家、基础教育或其他所属行业领域专家、同行专家、任课教师等；毕业要求达成评价主体包括任课教师和应届毕业生。

三、评价依据与评价周期

合理性评价依据：评价毕业要求是否有效支撑培养目标的达成；评价毕业要求指标点的分解是否科学合理，是否完全覆盖所属类专业认证通用标准；评价支撑毕业要求各二级指标点的课程体系设置得是否合理，支撑度是否合理。

达成情况评价依据：《国标》《认证办法》、人才培养目标和专业人才培养方案，课程目标达成评价情况，应届毕业生、任课教师等群体基于亲身体验和主观感受对专业毕业要求达成评价情况等。

评价周期：毕业要求合理性评价 2~4 年进行一次，毕业要求达成度评价每年一次，确保对每一届毕业生都进行毕业要求达成度评价。

四、评价方法与评价步骤

（一）毕业要求合理性评价

毕业要求合理性评价常采用专家评议法，即以函评或会评方式邀请校内外专业认证专家、管理专家、基础教育或其他行业领域专家、同行专家等通过审读和分析相关材料，对毕业要求合理性作出整体判断的评价方法。

具体操作步骤：

（1）准备好供专家审读的有关毕业要求合理性评价的材料，如专业人才培养目标、专业毕业要求及分指标点内容材料，专业关于制定人才培养目标、毕业要求和对毕业要求进行分解的说明材料，毕业要求二级指标点与支撑其达成的课程支撑矩阵，课程教学大纲，毕业要求达成情况报告等。

（2）组织评议。如采用函评的方式，及时将材料寄送至专家手中，并与专家保持密切联系，及时准确回复专家评审过程中提出的问题和补充需要的材料。如采取会评的方式，要聘请经验丰富的专家担任评议组组长，由组长组织评议。会议评议前，专业负责人要向专家组详细报告毕业要求制定、分解、落实和达成评价的有关情况，回答专家组提出的问题。

（3）整理专家评议结论及提出的改进意见和建议。同时，整理好会议记录、评审结论等材料并归档保存。

（二）毕业要求达成度评价

毕业要求达成度评价的具体操作步骤与评价方法如下：

1. 确定毕业要求达成目标值

毕业要求达成目标值是评判毕业要求是否达成的主要依据。评价工作小组在评价前，要根据学校学位授予规定、专业办学定位和人才培养实际情况，确定每一项毕业要求的达成目标值，目标值一般不低于 0.65。

2. 计算毕业要求及其二级指标点达成值

毕业要求达成值由其二级指标点达成值中的最小值决定，即某项毕业要求达成值等于该毕业要求下各二级指标点达成值中的最小值。计算某项毕业要求达成值前，要先计算该毕业要求下各二级指标点达成值。采取直接（定量）评价与间接（定性）评价相结合的方式对毕业要求二级指标点达成度进行评价并计算达成值。直接评价主要采用基于课程目标达成值的定量评价方法；间接评价主要采用基于评价人亲身体验和主观感受的问卷调查等方法。

（1）定量评价法。

该方法是指依据课程目标的达成值来评价课程所支撑的毕业要求二级指标点达成度的评价方法。评价前，评价工作小组要确认每项毕业要求二级指标点数及支撑相应二级指标点达成的具体课程（包括理论课、实验课、教育实践和第二课堂等）。

具体操作步骤：

① 审查课程目标落实支撑及达成情况。依据专业毕业要求、毕业要求与课程支撑矩阵、课程教学大纲、课程目标达成评价材料等进行审查，确保支撑课程有对应课程目标落实支撑，课程目标与毕业要求二级指标点支撑关系对应准确，课程目标达成值计算科学合理。

② 确定支撑课程的支撑权重。由评价工作小组根据课程对其所支撑的毕业要求二级指标点达成的贡献度大小，确定各门课程的权重。支撑课程的权重总值为1。

③ 计算支撑课程对毕业要求二级指标点达成值。依据支撑课程的支撑权重及其对应课程目标达成值进行计算。支撑课程对毕业要求二级指标点的直接评价达成值＝该课程对毕业要求二级指标点的支撑权重×该课程对应毕业要求二级指标点的课程目标达成值。

④ 计算毕业要求二级指标点达成值。某项毕业要求二级指标点的直接评价达成值＝Σ（所有支撑课程对毕业要求二级指标点达成的达成值）。同理，计算出该毕业要求下其他二级指标点的达成值。

（2）问卷调查法。

该方法是指运用统一设计的专门问卷向被调查对象了解专业毕业要求及二级指标点达成情况的评价方法。一般邀请应届毕业生、任课教师（含校外实践教学基地指导教师）参与调查。学生评价权重不得低于0.6。

具体操作步骤：

① 设计调查问卷。调查问卷一般由专业负责人设计,教学副院长审核。问题设计是做好问卷调查的关键,要站在评价人的角度,充分考虑评价人的亲身体验和主观感受,紧紧围绕毕业要求及二级指标点内涵来设计问题。问题以量表形式设计,要细化到每个二级指标点,问题内容不重复、不交叉。调查问卷分学生卷、教师卷两种,可以制作成纸质问卷,也可以利用问卷星等工具制作成电子问卷。

② 确定调查样本数量。原则上所有应届生和任课教师都要参与评价。

③ 实施调查。工作人员要主动联系调查对象,让调查对象知晓调查目的、意义和要求。引导应届毕业生要根据自身学习过程中的亲身体验和获得感,任课教师要根据学生掌握知识、运用知识分析解决问题的能力和情感表现,对问卷问题做出相应回答。要与调查对象商定寄送和回收调查问卷的方式,可通过电子邮件、微信、QQ、快递等方式进行问卷回收。

④ 整理、统计,计算毕业要求二级指标点达成值。

毕业要求二级指标点间接评价达成值 =(【非常符合】选项数 × 10 +【比较符合】选项数 × 8 +【基本符合】选项数 × 6 +【比较不符合】选项数 × 4 +【非常不符合】选项数 × 2)/(所有等级选项总数 × 10)

同理,计算出其他毕业要求二级指标点达成值。

3. 计算毕业要求最终达成值,评判达成情况

毕业要求二级指标点综合达成值 = 直接评价达成值 × 权重 + 间接评价达成值 × 权重

一般直接评价权重为 0.7,间接评价权重为 0.3。毕业要求的达成值取该毕业要求二级指标点达成值中的最小值。评价工作小组依据毕业要求达成目标值,评判每项毕业要求是否达成。毕业要求最终达成值高于或等于目标值,则该毕业要求达成,反之未达成。为全面了解和掌握毕业要求达成情况,评价工作小组也可组织召开应届毕业生、任课教师等利益相关方代表座谈会,充分听取意见和建议。评价工作小组以集体评议的方式对毕业要求达成值和收集到的意见与建议进行综合分析,得出整体性判断和明

确结论，提出改进意见和建议。同时，整理好调查问卷、达成度计算记录、集体评议记录等材料并归档保存。

五、评价结果及应用

二级学院评价工作小组要对通过不同评价方法获得的评价结果进行交叉对比、综合分析，形成"毕业要求合理性评价"和"毕业要求达成情况评价"分析报告，包括专业毕业要求及其分指标点描述说明、评价依据、参评对象、评价方法、评价结果及分析、主要问题及改进措施等。分析报告和评价形成的记录文档要完整、可追踪，由二级学院存档，保存6年。

评价结果要及时向全体教师和相关部门反馈，用于修订人才培养目标、毕业要求、课程体系、教学大纲等，作为专业配置师资和教学资源、推进人才培养模式创新、深化教育教学改革的重要依据。

六、组织实施

毕业要求评价实行学校教务处统筹协调、指导监督，二级学院具体组织实施的运行方式。二级学院要依据本办法，结合学科专业特点和实际，制定专业毕业要求评价实施方案，定期对专业毕业要求合理性和达成度进行评价；要根据评价结果制定改进措施，形成"评价—反馈—改进"闭环管理的持续改进机制，促进教育教学水平持续提升。

二级学院专业毕业要求评价实施方案经教学副院长审核签字后执行。评价分析报告经教学副院长、院长审核签字后，报教务处备案，不断强化审核机制建设。

各二级学院在毕业要求评价实施过程中，要结合专业特点积极探索创新性的评价机制和模式，规范和优化评价工作流程，不断完善面向产出的评价改进机制。

基于上述算法，笔者使用 MATLAB 语言编写了毕业要求达成评价的计算程序，见附件1，并以某专业为例，展示程序的输入数据和输出结果，见附件2。

附件1：计算毕业要求达成评价结果的 MATLAB 程序

%a 为客观目标阵，b 为支撑矩阵，d 为权矩阵；
%zg1 为主观调查结果数据（学生）；zg2 为主观调查结果数据（教师）；
%kgpj 为二级指标客观达成向量，zgpj 为二级指标主观达成向量，zhgp 为二级指标综合达成向量；
%flag 为一级指标序号，dc 为一级指标达成向量；
%pi 为低中高支撑赋分；%s 为课程学分；
%kc 为课程列，bh1 为一级指标编号，bh2 为二级指标编号；

```
clear,clc
a=xlsread('aw.xlsx',1,'c3:an100');
flag=xlsread('aw.xlsx',1,'c1:an1');
[t,b]=xlsread('aw.xlsx',2,'c3:an100');
s=xlsread('aw.xlsx',2,'b3:b100');
zg1=xlsread('aw.xlsx',4,'b3:an7');
zg2=xlsread('aw.xlsx',5,'b3:an7');
[m,n]=size(a);
p1=3;p2=2;p3=1;
d=zeros(m,n);
for i=1:m
    for j=1:n
        if b{i,j}=='H'
            d(i,j)=p1;
        elseif b{i,j}=='M'
            d(i,j)=p2;
        elseif b{i,j}=='L'
            d(i,j)=p3;
        end
        if~(a(i,j)>=0)
            a(i,j)=0;
```

```
            end
        end
end
for i=1:n
    d(i,:)=s(i)*d(i,:);
end
dm=sum(d);
for j=1:n
    d(:,j)=d(:,j)/dm(j);
end
f=a.*d;
kgpj=sum(f);
kgpj=round(kgpj*1000)/1000;
for i=1:5
    zg11(i,:)=zg1(i,:)*(10-2*(i-1));
    zg22(i,:)=zg2(i,:)*(10-2*(i-1));
end
zgpj1=sum(zg11)./(10*sum(zg1));
zgpj2=sum(zg22)./(10*sum(zg2));
zgpj=round((zgpj1*.7+zgpj2*.3)*1000)/1000;
zhpj=round((kgpj*.7+zgpj*.3)*1000)/1000;
fm=max(flag);
for i=1:fm
    st=find(flag==i);
    dc(i)=min(zhpj(st));
    dc(i)=(round(dc(i)*1000))/1000;
end
h=figure(1)
for i=1:fm
```

```
        bb = bar(i,dc(i),0.75,'stacked');
        set(gca,'xtick',[]);
        set(bb,'facecolor',[(max(dc)-dc(i))/(max(dc)-min(dc)),(dc(i)-min(dc))/(max(dc)-min(dc)),0])
        hold on
    end
    axis([0 9 0 0.9])
    for i=1:fm
        text(i-0.3,dc(i)+0.03,num2str(dc(i)),'FontSize',18,'fontname','Times')
        text(i-0.02,-0.03,num2str(i),'FontSize',18,'fontname','Times')
    end
    set(gca,'linewidth',1,'fontsize',18,'fontname','Times')
    [j,kc]=xlsread('aw.xlsx',2,'a1:a100');
    [bh1,bh2]=xlsread('aw.xlsx',2,'c1:an2');
    xlswrite('aw.xlsx',kc,3,'a1')
    xlswrite('aw.xlsx',bh1,3,'b1')
    xlswrite('aw.xlsx',bh2,3,'b2')
    xlswrite('aw.xlsx',d,3,'B3')
    xlswrite('aw.xlsx',bh1',6,'a2')
    xlswrite('aw.xlsx',bh2',6,'b2')
    xlswrite('aw.xlsx',kgpj',6,'c2')
    xlswrite('aw.xlsx',zgpj',6,'d2')
    xlswrite('aw.xlsx',zhpj',6,'e2')
    xlswrite('aw.xlsx',(1:fm)',7,'a2')
    xlswrite('aw.xlsx',dc',7,'b2')
    xlswrite('aw.xlsx',h,7,'e2')
```

附件 2：计算毕业要求达成评价的 Excel 表格模板

注：模板文件名为 aw.xlsx，包含 7 个表单……

表 1 达成值矩阵

一级指标	二级指标	学分	1	1	1	2	2	3	3	3	4	4	4	5	5	6	6	6	7	7	7	8	8
			1-1	1-2	1-3	2-1	2-2	3-1	3-2	3-3	4-1	4-2	4-3	5-1	5-2	6-1	6-2	6-3	7-1	7-2	7-3	8-1	8-2
思想道德修养与法律基础		3			0.77	0.77										0.77							
中国近现代史纲要		3			0.87			0.87	0.87											0.77			
马克思主义基本原理		3	0.7	0.68																0.79			
毛泽东思想和中国特色社会主义理论体系概论		5	0.66	0.88			0.95	0.93															
形势与政策（含安全教育、健康教育）		2	0.6	0.6																			
大学英语1		2						0.86		0.86	0.88							0.86	0.87				
大学英语2		1									0.85												
大学英语3		4								0.75	0.75	0.82											
大学信息技术基础		2						0.97		0.97	0.75				0.82	0.75			0.83				0.76
大学体育1		2														0.85	0.86						0.74
大学体育2		0.5																				0.86	0.83

续表

一级指标	1	1	1	2	2	3	3	3	4	4	4	5	5	6	6	6	7	7	7	8	8
二级指标 学分	1-1	1-2	1-3	2-1	2-2	3-1	3-2	3-3	4-1	4-2	4-3	5-1	5-2	6-1	6-2	6-3	7-1	7-2	7-3	8-1	8-2
小学教育专业导论 0.5			0.94	0.943	0.94		0.941				0.941							0.943			
大学生职业生涯发展规划 0.5					0.865												0.865				
普通心理学 1				0.81	0.81					0.81			0.78	0.74							
大学生就业指导 0.5				0.81	0.81																
学校德育原理 0.5	0.764					0.781						0.809					0.82		0.82	0.82	0.82
课程与教学论 2						0.8															
规范字书写 1.5				0.69			0.94			0.94	0.94										
中外教育简史 2							0.845											0.825			
现代教育技术基础 2							0.76			0.8								0.77			
儿童发展与教育心理学 1.5					0.84					0.8			0.69	0.73							
儿童简笔画 1.5						0.83			0.83							0.99					
小学生心理健康与辅导 2				0.729	0.729					0.91	0.735		0.735	0.91							
色彩基础 2.5									0.75		0.74				0.99						
小学教师技能训练 2.5						0.874				0.872					0.874	0.874					0.872
小学多媒体课件设计与制作 2.5						0.86	0.77		0.93	0.93	0.93										0.872

续表

一级指标		1	1	1	2	2	3	3	3	4	4	4	5	5	6	6	6	7	7	7	8	8
二级指标	学分	1-1	1-2	1-3	2-1	2-2	3-1	3-2	3-3	4-1	4-2	4-3	5-1	5-2	6-1	6-2	6-3	7-1	7-2	7-3	8-1	8-2
乐理与视唱	2.5						0.82	0.81		0.81		0.81										
小学班主任工作与班级管理	2				0.752																0.752	
电子钢琴	1						0.7	0.7		0.7		0.7		0.82		0.82			0.75			
教育研究方法	3																				0.844	
现代汉语	3						0.58	0.58	0.58							0.91		0.91			0.8	
英语语音学	1						0.79		0.79						0.78			0.81			0.8	
基础写作	1						0.971	0.971	0.762			0.762										
古代汉语	2.5						0.57		0.78						0.95						0.72	
中国古代文学作品选	2.5						0.52		0.85						0.78			0.95			0.717	0.717
英语视听说	3						1.03															
小学语文新课标与教材解析	2.5						0.702	0.702	0.801	0.812	0.812	0.82				0.82						
人文社会科学基础	3						0.765								0.998							
小学英语新课标与教材解析	2						0.83			0.818	0.838				0.839				0.819			
小学英语课程与教学	3									0.851	0.82									0.847		
小学语文课程与教学	2.5							0.822		0.851	0.851					0.847						

续表

一级指标		1			2		3			4			5		6			7			8	
二级指标	学分	1-1	1-2	1-3	2-1	2-2	3-1	3-2	3-3	4-1	4-2	4-3	5-1	5-2	6-1	6-2	6-3	7-1	7-2	7-3	8-1	8-2
小学道德与法制课程与教学	3						0.897		0.8		0.899		0.901									
线性代数	3						0.69	0.78														
数学分析1	2.5						0.722	0.722								0.722			0.722			
多媒体技术	3								0.75		0.76							0.76				
C语言	2.5							0.9		0.75										0.66		
数学分析2	3						0.745	0.745								0.745			0.745			
初等数论	2.5							0.78														
自然科学基础	2						0.829	0.829								0.829						
小学信息技术课标与教材解析	0.5								0.72									0.74				
小学教学新课标与教材解析	3				0.859				0.859		0.859	0.8				0.822						
小学数学课程与教学	3				0.803				0.803		0.803					0.803						
小学科学课程与教学	2								0.76		0.8					0.78						
小学教具制作	1								0.88			0.88									0.93	
英文歌曲与表演	2						0.84						0.75									
STEAM实践活动设计	1								0.87		0.86					0.85						

续表

一级指标	二级指标	学分	1	1	1	2	2	3	3	3	4	4	4	5	5	6	6	6	7	7	7	8	8
			1-1	1-2	1-3	2-1	2-2	3-1	3-2	3-3	4-1	4-2	4-3	5-1	5-2	6-1	6-2	6-3	7-1	7-2	7-3	8-1	8-2
微格教学训练		1									0.816	0.819	0.824										
儿童文学作品选		1						0.804	0.804	0.804	0.786	0.786	0.786	0.862	0.862	0.862	0.862	0.862					
教育见习1		1	0.75	0.75	0.75	0.75			0.9				0.93										
教育见习2		1	0.89	0.89		0.89																	
教育实习		1			0.855	0.855			0.856	0.856	0.856				0.856			0.856		0.856			
军事训练		1							0.82							0.82			0.82			0.82	
公益劳动		1					0.786	0.786										0.786					0.786
必读书目阅读2		8.5				0.848	0.848	0.848													0.848		
必读书目阅读1		1				0.848	0.848	0.848													0.848		
教学观摩2		1				0.9				0.9										0.9			
教学观摩1		1.5				0.817				0.807									0.807	0.807		0.807	
学年论文		2								0.724			0.724	0.724		0.724					0.724		
教师技能大赛		0				0.756				0.756	0.756												
教学能力测评		1				0.822		0.822	0.822	0.822	0.822	0.822	0.822			0.822	0.822		0.822	0.822		0.822	0.822
毕业论文		1						0.78											0.77		0.77		

续表

一级指标	二级指标	学分	1	1	1	2	2	3	3	3	4	4	4	5	5	6	6	6	7	7	7	8	8
		学分	1-1	1-2	1-3	2-1	2-2	3-1	3-2	3-3	4-1	4-2	4-3	5-1	5-2	6-1	6-2	6-3	7-1	7-2	7-3	8-1	8-2
	大学生心理健康教育1	1.5				0.78										0.79							
	大学生心理健康教育2	1.5				0.83								0.83									
	教育学原理	1.5		0.798	0.704									0.798					0.759	0.759		0.798	0.704
	演讲与口才	1.5		0.897			0.827				0.725											0.727	0.727
	普通话与教师口语	1.5							0.878				0.852			0.893						0.849	

表 2 支撑度矩阵

一级指标	二级指标	学分	1	1	1	2	2	3	3	3	4	4	4	5	5	6	6	6	7	7	7	8	8
		学分	1-1	1-2	1-3	2-1	2-2	3-1	3-2	3-3	4-1	4-2	4-3	5-1	5-2	6-1	6-2	6-3	7-1	7-2	7-3	8-1	8-2
	思想道德修养与法律基础	3	M		H	H																	
	中国近现代史纲要	3			H			L	L														
	马克思主义基本原理	3		M		M		M			M												
	毛泽东思想和中国特色社会主义理论体系概论	5		H		H								M		M		H		M			
	形势与政策(含安全教育、健康教育)	2		H		H													M				
	大学英语1	2																					H

续表

一级指标	1	1	1	2	2	3	3	3	4	4	4	5	5	6	6	6	7	7	7	8	8
二级指标 / 学分	1-1	1-2	1-3	2-1	2-2	3-1	3-2	3-3	4-1	4-2	4-3	5-1	5-2	6-1	6-2	6-3	7-1	7-2	7-3	8-1	8-2
大学英语2 / 1			H		H	H			M												H
大学英语3 / 4					M		H	M	M				M						M		
大学信息技术基础 / 2				H	M		H	M		H											
大学体育1 / 2						L		L			H			H							L
大学体育2 / 0.5							M						H	H					M	L	
小学教育专业导论 / 0.5					M	M	M							H				H			
大学生职业生涯发展规划 / 1												H				M					
普通心理学 / 0.5					H	H				M			H		H		H				
大学生就业指导 / 0.5	M														H		H				
课程与教学论 / 2			L				M			H	M		M	M				M		H	
规范字书写 / 1.5										H					H				H	H	
中外教育简史 / 2							H			H									M		
现代教育技术基础 / 2																			M		
儿童发展与教育心理学 / 1.5					H		H			M			H	H	H						

续表

一级指标		1	1	1	2	2	3	3	3	4	4	4	5	5	6	6	6	7	7	7	8	8
二级指标	学分	1-1	1-2	1-3	2-1	2-2	3-1	3-2	3-3	4-1	4-2	4-3	5-1	5-2	6-1	6-2	6-3	7-1	7-2	7-3	8-1	8-2
儿童简笔画	1.5				H	H	H	M									M					
色彩基础	2									H	H			H	H	H						
小学教师技能训练	2.5						H				M	M				M	M					M
小学多媒体课件设计与制作	2.5						H			H	H	M										
乐理与视唱	2.5				H		H	H		H	M											
小学班主任工作与班级管理	2						H			H				M		M					M	
电子钢琴	1						M	M				M				M		L	M		M	
教育研究方法	3						M	H	M									M		L	H	
现代汉语	3						H	H		H											H	
英语语音学	1						M	M		H										L	M	M
基础写作	1						H					M			M							
古代汉语	2.5						H	M							M						M	M
中国古代文学作品选	2.5						H	M				M			M					L	M	M

141

续表

一级指标	二级指标	学分	1	1	1	2	2	3	3	3	4	4	4	5	5	6	6	6	7	7	7	8	8
			1-1	1-2	1-3	2-1	2-2	3-1	3-2	3-3	4-1	4-2	4-3	5-1	5-2	6-1	6-2	6-3	7-1	7-2	7-3	8-1	8-2
英语视听说		3						H															
小学语文新课标与教材解析		2.5							M		H						M						
人文社会科学基础		3						H		M		H											
小学英语新课标与教材解析		2						H				H											
小学英语课程与教学		3							H		H	H					M			M			
小学语文课程与教学		2.5												M									
小学道德与法制课程与教学		3						M			H						M		M				
线性代数		3						L	H														
数学分析 1		2.5						H				H								M			
多媒体技术		3									H								M				
C 语言		2.5							H								M						
数学分析 2		3						H	H											M			
初等数论		2.5							H								M				H		
自然科学基础		2						M	H														

续表

一级指标	1	1	1	2	2	3	3	3	4	4	4	5	5	6	6	6	7	7	7	8	8
二级指标	1-1	1-2	1-3	2-1	2-2	3-1	3-2	3-3	4-1	4-2	4-3	5-1	5-2	6-1	6-2	6-3	7-1	7-2	7-3	8-1	8-2
学分																					
小学信息技术课标与教材解析	0.5																	M				
小学数学新课标与教材解析	3				M						M	H				M						
小学数学课程与教学	3				M			H	H		H	H				M						
小学科学课程与教学	2								H		H					M						
小学教具制作	1								M			M										
英文歌曲与表演	2						H						H									
STEAM实践活动设计	1							H	H	H	H		M			M			M			
微格教学训练	1						H			H	H		M									
儿童文学作品选	1									M	M	L	M								L	
教育见习1	1		M	H				H					M	H	M							
教育见习2	1		M	M		M							H		M		H		H			
教育实习	1			H				H				M					H					
军事训练	1																	H			H	
公益劳动	1					M															H	

续表

一级指标		1	1	1	2	2	3	3	3	4	4	4	5	5	6	6	6	7	7	7	8	8
二级指标	学分	1-1	1-2	1-3	2-1	2-2	3-1	3-2	3-3	4-1	4-2	4-3	5-1	5-2	6-1	6-2	6-3	7-1	7-2	7-3	8-1	8-2
必读书目阅读2	8.5				L	L	H													M		
必读书目阅读1	1				L	L	H													M		
教学观摩2	1				H				H										H		H	
教学观摩1	1.5				H				H										H	M	H	
学年论文	2								M			M	M		M						H	
教师技能大赛	0				H				M	H		H		M							L	L
教学能力测评	1				L		L		L	H								M				L
毕业论文	1						H															
大学生心理健康教育1	1.5				H								M		M	M		M				
大学生心理健康教育2	1.5				H								M		M				M	L		
教育学原理	1.5					M							M		M			M				
演讲与口才	1.5	H	H	L															M	L	H	L
普通话与教师口语	1.5							H			H				M					H	H	

第四章 以专业认证为抓手推动质量文化建设

表 3 权重矩阵

一级指标	1	1	1	2	2	3	3	3	4	4	4	5	5	6	6	6	7	7	7	8	8
二级指标	1-1	1-2	1-3	2-1	2-2	3-1	3-2	3-3	4-1	4-2	4-3	5-1	5-2	6-1	6-2	6-3	7-1	7-2	7-3	8-1	8-2
思想道德修养与法律基础	0.00	0.00	0.32	0.15	0.00	0.00	0.00	0.00	0.00	0.00	0.00	0.00	0.00	0.12	0.00	0.00	0.00	0.13	0.00	0.00	0.00
中国近现代史纲要	0.00	0.00	0.32	0.00	0.00	0.03	0.04	0.00	0.00	0.00	0.00	0.00	0.00	0.00	0.00	0.43	0.22	0.00	0.00	0.00	0.00
马克思主义基本原理	0.21	0.17	0.00	0.00	0.00	0.00	0.00	0.00	0.00	0.00	0.00	0.00	0.00	0.00	0.00	0.00	0.00	0.20	0.00	0.00	0.00
毛泽东思想和中国特色社会主义理论体系概论	0.54	0.43	0.00	0.17	0.00	0.11	0.00	0.00	0.00	0.00	0.00	0.00	0.00	0.00	0.00	0.00	0.00	0.00	0.00	0.00	0.00
形势与政策（含安全教育、健康教育）	0.21	0.17	0.00	0.00	0.00	0.00	0.00	0.00	0.07	0.00	0.00	0.00	0.00	0.00	0.00	0.00	0.00	0.00	0.00	0.00	0.00
大学英语 1	0.00	0.00	0.00	0.00	0.00	0.00	0.00	0.00	0.03	0.00	0.00	0.00	0.00	0.00	0.00	0.00	0.00	0.00	0.00	0.00	0.28
大学英语 2	0.00	0.00	0.00	0.00	0.00	0.00	0.00	0.00	0.14	0.00	0.00	0.00	0.00	0.00	0.00	0.00	0.00	0.00	0.00	0.00	0.14
大学英语 3	0.00	0.00	0.00	0.00	0.00	0.06	0.08	0.07	0.00	0.00	0.00	0.00	0.19	0.00	0.00	0.00	0.00	0.00	0.15	0.00	0.00
大学信息技术基础	0.00	0.00	0.00	0.00	0.00	0.00	0.00	0.00	0.00	0.09	0.00	0.00	0.00	0.12	0.00	0.00	0.00	0.00	0.00	0.00	0.00
大学体育 1	0.00	0.00	0.00	0.00	0.00	0.00	0.04	0.00	0.03	0.00	0.00	0.00	0.00	0.00	0.00	0.00	0.00	0.00	0.00	0.00	0.09

续表

一级指标	1	1	1	2	2	3	3	3	4	4	4	5	5	6	6	6	7	7	7	8	8
二级指标	1-1	1-2	1-3	2-1	2-2	3-1	3-2	3-3	4-1	4-2	4-3	5-1	5-2	6-1	6-2	6-3	7-1	7-2	7-3	8-1	8-2
大学体育2	0.00	0.00	0.00	0.00	0.00	0.01	0.00	0.00	0.00	0.00	0.00	0.00	0.00	0.03	0.04	0.00	0.00	0.00	0.00	0.01	0.00
小学教育专业导论	0.00	0.00	0.05	0.03	0.08	0.00	0.01	0.00	0.00	0.00	0.04	0.00	0.00	0.00	0.00	0.00	0.00	0.03	0.00	0.00	0.00
大学生职业生涯发展规划	0.00	0.00	0.00	0.00	0.05	0.00	0.00	0.00	0.00	0.00	0.00	0.00	0.00	0.00	0.00	0.00	0.04	0.00	0.00	0.00	0.00
普通心理学	0.00	0.00	0.00	0.05	0.15	0.00	0.00	0.00	0.00	0.03	0.00	0.00	0.14	0.06	0.00	0.00	0.00	0.00	0.00	0.00	0.00
大学生就业指导	0.04	0.00	0.00	0.02	0.05	0.00	0.00	0.00	0.00	0.00	0.00	0.09	0.00	0.00	0.00	0.00	0.05	0.00	0.06	0.04	0.07
学校德育原理	0.00	0.00	0.00	0.00	0.00	0.01	0.00	0.00	0.00	0.00	0.07	0.00	0.00	0.00	0.00	0.00	0.00	0.00	0.15	0.00	0.00
课程与教学论	0.00	0.00	0.00	0.03	0.00	0.06	0.04	0.00	0.00	0.07	0.00	0.00	0.00	0.06	0.00	0.00	0.00	0.00	0.00	0.00	0.00
规范字书写	0.00	0.00	0.00	0.00	0.00	0.00	0.05	0.00	0.00	0.00	0.00	0.00	0.00	0.00	0.15	0.00	0.00	0.09	0.00	0.00	0.00
中外教育简史	0.00	0.00	0.00	0.00	0.00	0.01	0.08	0.00	0.00	0.09	0.00	0.00	0.00	0.00	0.00	0.00	0.00	0.09	0.00	0.00	0.00
现代教育技术基础	0.00	0.00	0.00	0.00	0.00	0.00	0.00	0.00	0.05	0.04	0.00	0.00	0.00	0.00	0.00	0.10	0.00	0.00	0.00	0.00	0.00
儿童发展与教育心理学	0.00	0.00	0.00	0.00	0.23	0.00	0.03	0.00	0.00	0.00	0.00	0.00	0.21	0.09	0.00	0.00	0.00	0.00	0.00	0.00	0.00
儿童简笔画	0.00	0.00	0.00	0.05	0.00	0.03	0.00	0.00	0.00	0.00	0.00	0.00	0.00	0.00	0.07	0.00	0.00	0.00	0.00	0.00	0.00
小学生心理健康与辅导	0.00	0.00	0.00	0.00	0.15	0.00	0.00	0.00	0.00	0.04	0.07	0.00	0.14	0.06	0.07	0.00	0.00	0.00	0.00	0.00	0.00

续表

一级指标	1	1	1	2	2	3	3	3	4	4	4	5	5	6	6	6	7	7	7	8	8
二级指标	1-1	1-2	1-3	2-1	2-2	3-1	3-2	3-3	4-1	4-2	4-3	5-1	5-2	6-1	6-2	6-3	7-1	7-2	7-3	8-1	8-2
色彩基础	0.00	0.00	0.00	0.00	0.00	0.00	0.00	0.00	0.05	0.00	0.05	0.00	0.00	0.00	0.05	0.00	0.00	0.00	0.00	0.00	0.00
小学教师技能训练	0.00	0.00	0.00	0.00	0.00	0.03	0.00	0.00	0.00	0.03	0.00	0.00	0.00	0.00	0.00	0.10	0.00	0.00	0.00	0.00	0.09
小学多媒体课件设计与制作	0.00	0.00	0.00	0.00	0.00	0.03	0.03	0.00	0.05	0.04	0.05	0.00	0.00	0.00	0.05	0.00	0.00	0.00	0.00	0.00	0.00
乐理与视唱	0.00	0.00	0.00	0.00	0.00	0.03	0.04	0.00	0.05	0.00	0.05	0.00	0.00	0.00	0.00	0.00	0.00	0.00	0.00	0.05	0.00
小学班主任工作与班级管理	0.00	0.00	0.00	0.00	0.00	0.00	0.00	0.00	0.00	0.00	0.00	0.00	0.09	0.00	0.00	0.00	0.00	0.00	0.00	0.00	0.00
电子钢琴	0.00	0.00	0.00	0.05	0.00	0.03	0.04	0.00	0.05	0.00	0.05	0.00	0.00	0.00	0.05	0.00	0.00	0.00	0.00	0.00	0.00
教育研究方法	0.00	0.00	0.00	0.00	0.00	0.00	0.00	0.04	0.00	0.00	0.00	0.00	0.00	0.04	0.00	0.00	0.04	0.04	0.04	0.08	0.00
现代汉语	0.00	0.00	0.00	0.00	0.00	0.02	0.04	0.04	0.00	0.00	0.00	0.00	0.00	0.00	0.05	0.00	0.04	0.00	0.00	0.05	0.00
英语语音学	0.00	0.00	0.00	0.00	0.00	0.02	0.00	0.04	0.00	0.00	0.00	0.00	0.00	0.00	0.00	0.00	0.07	0.00	0.00	0.08	0.00
基础写作	0.00	0.00	0.00	0.00	0.00	0.03	0.04	0.04	0.00	0.00	0.05	0.00	0.00	0.00	0.00	0.00	0.00	0.00	0.00	0.05	0.09
古代汉语	0.00	0.00	0.00	0.00	0.00	0.03	0.00	0.04	0.00	0.00	0.00	0.00	0.00	0.04	0.00	0.00	0.00	0.00	0.00	0.00	0.00
中国古代文学作品选	0.00	0.00	0.00	0.00	0.00	0.03	0.00	0.04	0.00	0.00	0.00	0.00	0.00	0.04	0.00	0.00	0.07	0.00	0.04	0.00	0.00
英语视听说	0.00	0.00	0.00	0.00	0.00	0.03	0.00	0.00	0.00	0.00	0.00	0.00	0.00	0.00	0.00	0.00	0.00	0.00	0.00	0.08	0.00

续表

一级指标	1	1	1	2	2	3	3	3	4	4	4	5	5	6	6	6	7	7	7	8	8
二级指标	1-1	1-2	1-3	2-1	2-2	3-1	3-2	3-3	4-1	4-2	4-3	5-1	5-2	6-1	6-2	6-3	7-1	7-2	7-3	8-1	8-2
小学语文新课标与教材解析	0.00	0.00	0.00	0.00	0.00	0.02	0.03	0.00	0.05	0.04	0.05	0.00	0.00	0.00	0.05	0.00	0.00	0.00	0.00	0.00	0.00
人文社会科学基础	0.00	0.00	0.00	0.00	0.00	0.03	0.00	0.04	0.00	0.00	0.00	0.00	0.00	0.04	0.00	0.00	0.00	0.00	0.00	0.00	0.00
小学英语新课标与教材解析	0.00	0.00	0.00	0.00	0.00	0.03	0.00	0.00	0.05	0.04	0.00	0.00	0.00	0.00	0.05	0.00	0.00	0.04	0.00	0.00	0.00
小学英语课程与教学	0.00	0.00	0.00	0.00	0.00	0.00	0.04	0.00	0.05	0.04	0.00	0.00	0.00	0.04	0.00	0.00	0.00	0.00	0.00	0.00	0.00
小学语文课程与教学	0.00	0.00	0.00	0.00	0.00	0.02	0.00	0.06	0.00	0.04	0.00	0.12	0.00	0.00	0.05	0.00	0.00	0.00	0.08	0.00	0.00
小学道德与法制课程与教学	0.00	0.00	0.00	0.00	0.00	0.01	0.04	0.00	0.00	0.00	0.00	0.00	0.00	0.00	0.00	0.00	0.00	0.00	0.00	0.00	0.00
线性代数	0.00	0.00	0.00	0.00	0.00	0.03	0.04	0.00	0.00	0.03	0.00	0.00	0.00	0.00	0.05	0.00	0.07	0.04	0.00	0.00	0.00
数学分析 1	0.00	0.00	0.00	0.00	0.00	0.00	0.00	0.06	0.05	0.00	0.00	0.00	0.00	0.00	0.00	0.00	0.00	0.00	0.00	0.00	0.00
多媒体技术	0.00	0.00	0.00	0.00	0.00	0.00	0.00	0.00	0.00	0.00	0.00	0.00	0.00	0.00	0.05	0.00	0.07	0.04	0.00	0.00	0.00
C 语言	0.00	0.00	0.00	0.00	0.00	0.00	0.04	0.00	0.00	0.00	0.00	0.00	0.00	0.00	0.00	0.00	0.00	0.00	0.11	0.00	0.00
数学分析 2	0.00	0.00	0.00	0.00	0.00	0.03	0.04	0.00	0.00	0.00	0.00	0.00	0.00	0.00	0.05	0.00	0.00	0.04	0.00	0.00	0.00
初等数论	0.00	0.00	0.00	0.00	0.00	0.00	0.00	0.00	0.00	0.00	0.00	0.00	0.00	0.00	0.00	0.00	0.00	0.00	0.00	0.00	0.00

续表

一级指标	1	1	1	2	2	3	3	3	4	4	4	5	5	6	6	6	7	7	7	8	8
二级指标	1-1	1-2	1-3	2-1	2-2	3-1	3-2	3-3	4-1	4-2	4-3	5-1	5-2	6-1	6-2	6-3	7-1	7-2	7-3	8-1	8-2
自然科学基础	0.00	0.00	0.00	0.00	0.00	0.02	0.04	0.00	0.00	0.00	0.00	0.00	0.00	0.00	0.05	0.00	0.00	0.00	0.00	0.00	0.00
小学信息技术课标与教材解析	0.00	0.00	0.00	0.00	0.00	0.00	0.00	0.06	0.00	0.03	0.00	0.00	0.00	0.00	0.00	0.00	0.07	0.00	0.00	0.00	0.00
小学数学新课标与教材解析	0.00	0.00	0.00	0.03	0.00	0.00	0.04	0.00	0.00	0.04	0.07	0.00	0.00	0.00	0.05	0.00	0.00	0.00	0.00	0.00	0.00
小学数学课程与教学	0.00	0.00	0.00	0.03	0.00	0.00	0.04	0.06	0.00	0.04	0.07	0.00	0.00	0.00	0.05	0.00	0.00	0.00	0.00	0.00	0.00
小学科学课程与教学	0.00	0.00	0.00	0.00	0.00	0.00	0.00	0.06	0.00	0.04	0.00	0.00	0.00	0.00	0.05	0.00	0.00	0.00	0.00	0.00	0.00
小学科学教具制作	0.00	0.00	0.00	0.00	0.00	0.03	0.00	0.04	0.00	0.00	0.05	0.18	0.00	0.00	0.00	0.00	0.00	0.00	0.00	0.00	0.00
英文歌曲与表演	0.00	0.00	0.00	0.00	0.00	0.00	0.00	0.06	0.00	0.04	0.00	0.00	0.00	0.00	0.05	0.00	0.00	0.00	0.00	0.00	0.00
STEAM实践活动设计	0.00	0.00	0.00	0.00	0.00	0.00	0.00	0.00	0.05	0.04	0.07	0.12	0.00	0.04	0.00	0.10	0.00	0.04	0.00	0.00	0.00
微格教学训练	0.00	0.06	0.11	0.03	0.00	0.00	0.04	0.06	0.03	0.03	0.05	0.09	0.00	0.04	0.05	0.00	0.00	0.00	0.00	0.03	0.00
儿童文学作品选	0.00	0.06	0.00	0.03	0.00	0.00	0.00	0.00	0.00	0.00	0.02	0.00	0.00	0.00	0.00	0.00	0.00	0.00	0.00	0.00	0.00
教育见习1	0.00	0.00	0.11	0.03	0.00	0.00	0.04	0.00	0.05	0.00	0.05	0.00	0.00	0.00	0.00	0.00	0.00	0.00	0.00	0.00	0.00
教育见习2	0.00	0.00	0.00	0.00	0.00	0.00	0.00	0.00	0.00	0.00	0.00	0.00	0.00	0.00	0.00	0.00	0.00	0.00	0.00	0.00	0.00
教育实习	0.00	0.00	0.11	0.03	0.00	0.00	0.04	0.04	0.05	0.00	0.05	0.14	0.00	0.00	0.00	0.14	0.00	0.07	0.00	0.00	0.00

续表

一级指标	1	1	1	2	2	2	3	3	3	4	4	4	5	5	6	6	6	7	7	7	8	8
二级指标	1-1	1-2	1-3	2-1	2-2	3-1	3-2	3-3	4-1	4-2	4-3	5-1	5-2	6-1	6-2	6-3	7-1	7-2	7-3	8-1	8-2
军事训练	0.00	0.00	0.00	0.00	0.00	0.00	0.04	0.00	0.00	0.00	0.00	0.00	0.00	0.06	0.00	0.00	0.11	0.00	0.00	0.08	0.00
公益劳动	0.00	0.00	0.00	0.00	0.10	0.02	0.00	0.00	0.00	0.00	0.00	0.00	0.00	0.00	0.00	0.14	0.00	0.00	0.00	0.08	0.00
必读书目阅读 2	0.00	0.00	0.00	0.02	0.05	0.03	0.00	0.00	0.00	0.00	0.00	0.12	0.00	0.00	0.00	0.00	0.00	0.00	0.08	0.00	0.00
必读书目阅读 1	0.00	0.00	0.00	0.02	0.05	0.03	0.00	0.00	0.00	0.00	0.00	0.00	0.00	0.00	0.00	0.00	0.00	0.00	0.08	0.00	0.00
教学观摩 2	0.00	0.00	0.00	0.05	0.00	0.00	0.00	0.06	0.00	0.00	0.00	0.00	0.00	0.04	0.00	0.00	0.00	0.07	0.00	0.08	0.00
教学观摩 1	0.00	0.00	0.00	0.05	0.00	0.00	0.00	0.06	0.00	0.00	0.00	0.00	0.00	0.04	0.00	0.00	0.00	0.07	0.08	0.00	0.00
学年论文	0.00	0.00	0.00	0.00	0.00	0.00	0.00	0.04	0.00	0.00	0.05	0.12	0.00	0.04	0.00	0.00	0.00	0.00	0.11	0.00	0.05
教师技能大赛	0.00	0.00	0.00	0.05	0.00	0.00	0.00	0.04	0.05	0.00	0.07	0.00	0.00	0.04	0.00	0.00	0.04	0.02	0.00	0.00	0.00
教学能力测评	0.00	0.00	0.00	0.02	0.00	0.01	0.00	0.02	0.05	0.04	0.00	0.12	0.00	0.04	0.05	0.00	0.07	0.00	0.00	0.03	0.05
毕业论文	0.00	0.00	0.00	0.00	0.00	0.03	0.00	0.00	0.00	0.00	0.00	0.00	0.00	0.00	0.00	0.00	0.07	0.00	0.04	0.00	0.00
大学生心理健康教育 1	0.00	0.00	0.00	0.05	0.00	0.00	0.00	0.00	0.00	0.00	0.00	0.12	0.00	0.04	0.00	0.00	0.00	0.00	0.00	0.00	0.00
大学生心理健康教育 2	0.00	0.00	0.00	0.05	0.00	0.00	0.00	0.00	0.00	0.00	0.00	0.12	0.00	0.04	0.00	0.00	0.00	0.00	0.00	0.00	0.00
教育学原理	0.00	0.09	0.11	0.00	0.00	0.00	0.00	0.00	0.03	0.00	0.00	0.00	0.00	0.00	0.00	0.00	0.07	0.02	0.00	0.03	0.05
演讲与口才	0.00	0.03	0.00	0.00	0.10	0.00	0.04	0.00	0.00	0.00	0.07	0.00	0.00	0.04	0.00	0.00	0.00	0.00	0.00	0.08	0.14
普通话与教师口语	0.00	0.00	0.00	0.00	0.00	0.00	0.00	0.00	0.00	0.00	0.00	0.00	0.00	0.04	0.00	0.00	0.00	0.00	0.00	0.08	0.00

表 4 主观评价矩阵（学生）

一级指标	1	1	1	2	2	3	3	3	4	4	4	5	5	6	6	6	7	7	7	8	8
二级指标	1-1	1-2	1-3	2-1	2-2	3-1	3-2	3-3	4-1	4-2	4-3	5-1	5-2	6-1	6-2	6-3	7-1	7-2	7-3	8-1	8-2
非常符合	193	191	222	218	223	223	220	210	213	206	211	216	211	210	212	200	208	205	205	215	191
比较符合	111	110	107	92	87	109	109	106	114	120	110	100	119	112	117	108	110	102	112	118	111
基本符合	87	70	58	67	67	53	56	70	60	62	66	72	59	66	58	80	70	78	67	65	55
比较不符合	3	3	1	6	3	3	7	5	4	3	5	5	3	5	5	9	5	8	9	0	31
非常不符合	5	4	6	9	12	16	5	6	6	6	5	4	5	4	5	0	4	4	4	0	9

表 5 主观评价矩阵（教师）

一级指标	1	1	1	2	2	3	3	3	4	4	4	5	5	6	6	6	7	7	7	8	8
二级指标	1-1	1-2	1-3	2-1	2-2	3-1	3-2	3-3	4-1	4-2	4-3	5-1	5-2	6-1	6-2	6-3	7-1	7-2	7-3	8-1	8-2
非常符合	20	18	21	20	20	17	19	19	19	17	21	20	20	20	21	17	15	13	15	18	19
比较符合	29	29	27	28	27	30	25	26	28	30	22	25	24	24	22	28	26	29	26	30	23
基本符合	5	7	6	6	7	7	10	9	10	7	10	9	10	10	11	7	11	11	13	6	11
比较不符合	0	0	0	0	0	0	0	0	0	0	1	0	0	0	0	2	2	1	0	0	1
非常不符合	0	0	0	0	0	0	0	0	0	0	0	0	0	0	0	0	0	0	0	0	0

表6 二级指标达成值

一级指标	二级指标	客观评价达成值	主观评价达成值	主客观综合达成值
1	1-1	0.66	0.85	0.72
1	1-2	0.78	0.85	0.80
1	1-3	0.81	0.87	0.83
2	2-1	0.83	0.86	0.84
2	2-2	0.82	0.86	0.83
3	3-1	0.81	0.85	0.83
3	3-2	0.67	0.86	0.72
3	3-3	0.80	0.85	0.82
4	4-1	0.80	0.85	0.82
4	4-2	0.84	0.85	0.84
4	4-3	0.76	0.85	0.79
5	5-1	0.80	0.86	0.82
5	5-2	0.78	0.86	0.81
6	6-1	0.76	0.85	0.79
6	6-2	0.84	0.86	0.85
6	6-3	0.86	0.84	0.86
7	7-1	0.81	0.84	0.82
7	7-2	0.80	0.84	0.81
7	7-3	0.79	0.84	0.81
8	8-1	0.80	0.87	0.82
8	8-2	0.77	0.82	0.79

表7 一级指标达成度

一级指标	1	2	3	4	5	6	7	8
达成度	0.715	0.831	0.723	0.788	0.806	0.789	0.806	0.786

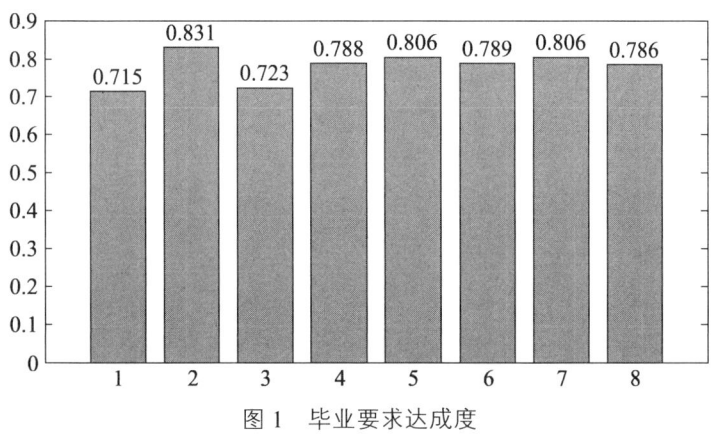

图 1　毕业要求达成度

第四节　课程目标达成评价机制

课程是人才培养的核心要素，课程质量直接决定人才培养质量。课程目标是学生通过课程学习后，在知识、能力和素质等方面期望实现的预期目标，是教师确定教学内容、教学方式方法、考核内容和方式的依据。课程目标达成度评价是从微观层面对专业人才培养质量情况的评判，其结果是毕业要求达成度评价和持续改进教学的重要依据。课程目标达成度评价遵循"学生中心、产出导向、持续改进"理念。安康学院为规范课程目标达成评价，自主开发了课程目标达成评价软件平台，设计了目标导向的试卷模板（附件3）、命题审核表（附件4~6）、课程目标达成评价合理性审核表（附件7）等，严格督导检查和持续改进。

一、评价目的

通过开展课程目标的达成度评价，判断课程目标的达成情况，并根据评价结果反馈，持续改进课程目标和教学环节，保障其始终能够支撑毕业要求的有效达成。

二、评价依据与评价周期

评价依据主要包括：
（1）课程教学大纲中的课程目标；
（2）课程目标与毕业要求指标点的对应关系；
（3）支撑课程目标达成的考核环节、教学内容、教学方式方法、考核内容与方式；
（4）课程各考核环节记录文档，包括期末考试等结果性考核环节，课堂检测、课堂讨论、课后作业、小论文、文献翻译、作品展示、技术技能展演、实验报告、实验操作、实验考试等过程性考核环节的定量或定性考核数据和资料；
（5）课程结束时对学生课程学习效果情况进行问卷调查的数据和资料；
（6）能反映课程目标达成的其他数据和资料。

评价周期：课程目标达成情况在每学期或教学周期课程考核结束后进行评价。

三、评价方法

依据课程目标性质、考核内容和考核结果确定评价方法。可选择定量评价和定性评价两种方法中的一种，也可两种方法并用，以相互印证评价结果。

定量评价是基于各考核环节已明确量化的考核数据对课程目标达成情况进行的直接评价，主要适用于各考核环节结果均是量化的考核数据的课程目标。若某课程目标的考核环节结果是等级定性数据，则依据统计方法，将等级转化为数值分数后（依据《安康学院学生学业成绩管理办法》），再按定量评价方法计算课程目标达成度。

定性评价是基于评价人亲身体验和主观感受，通过问卷调查等方法对课程目标达成情况进行的间接评价，适用于所有的课程目标，特别是某些通过一般定量考核无法反映学生具备解决复杂问题、交流合作、批判性思考和创新思维等综合素质和能力状况的课程目标。

（一）达成度定量评价计算方法

1. 分解各考核环节具体考核内容

开始授课前，依据教学大纲明确支撑各课程目标的考核环节的考核内容（附件7）。某个考核环节对应多个课程目标时，要分解到支撑不同课程目标的具体考核内容。如，期末试卷中不同试题对应课程目标要具体明晰，且每个课程目标试题总分值应与期末考核在不同课程目标的权重占比呈正相关性；又如，课后作业考核多个课程目标时，要按照考核课程目标不同，细分为作业1、作业2、作业3等（附件7）。

2. 计算支撑各课程目标的相应考核环节的学生平均成绩

定量考核环节：根据课程考核成绩单或考题得分情况表，逐个分别计算支撑课程目标的各考核环节中学生平均成绩。

定性考核环节：采用等级制计分的，要转化为百分制计分。先对"优""良""中""及格"和"不及格"五个等级进行赋分，"优"为95分，"良"为85分，"中"为75分，"及格"为60分，"不及格"为50分，然后分别统计获"优""良""中""及格"和"不及格"的人数，再按以下公式计算学生平均成绩：

平均成绩 =（【优】人数×95 +【良】人数×85 +
【中】人数×75 +【及格】人数×60 +
【不及格】人数×50）/学生总人数。

3. 计算各课程目标的达成度

教学目标 i 达成度

$$D_i = \frac{\sum_{j=1}^{n} \frac{P_{ij}}{G_{ij}} Z_{ij}}{\sum_{j=1}^{n} Z_{ij}} \quad (i = 1, 2, 3, 4, \cdots)$$

注意：P_{ij} 表示考核环节 j 中支撑课程目标 i 的考核内容平均成绩，G_{ij} 表示考核环节 j 中支撑课程目标 i 的考核内容考核满分成绩，Z_{ij} 表示支撑课程目标 i 的考核环节 j 在教学大纲中的目标分值。

同理，计算出其他课程目标的达成度。

（二）达成度定性评价计算方法

主要采取问卷调查法。设计调查问卷时，要充分考虑评价对象的亲身体验和主观感受，紧扣课程目标的内涵设计问题，问题以量表形式设计，内容不重复、不交叉，每个课程目标可对应多个问题，问题选项为"非常认同""比较认同""基本认同""比较不认同"和"非常不认同"五个选项，学生以单选形式回答（详见附件8）。调查问卷在课程结束前由每位学生独立填写完成。最后统计分析调查结果，并计算出课程目标达成度。具体步骤和计算方法如下：

1. 先对五个选项进行赋分

"非常符合"为10分，"比较符合"为8分，"基本符合"为6分，"比较不符合"为4分，"非常不符合"为2分，然后按课程目标逐条统计回答"非常符合""比较符合""基本符合""比较不符合"和"非常不符合"的人数（人次数）。

2. 按以下公式逐条计算出各课程目标达成度

$$课程目标i达成度 = [（【非常符合】人数（人次数）\times 10 + 【比较符合】人数（人次数）\times 8 + 【基本符合】人数（人次数）\times 6 + 【比较不符合】人数（人次数）\times 4 + 【非常不符合】人数（人次数）\times 2）/（学生总人数（人次数）\times 10）]$$

对照课程目标内涵、达成度评价结果和平时掌握的学情，从教师教学态度、教学内容与方法、考核内容与方式等和学生学习风气、教学条件等方面辩证分析课程目标达成情况，特别是达成度较低的课程目标，要分析原因，找出问题症结所在，并为下一轮教师课程教学和学生学习提出改进建议。

四、评价内容

评价的内容应聚焦课程目标，体现学生学习成效，评价的数据和评价报告能够说明以下三个方面的情况：

（1）课程目标与所支撑的毕业要求二级指标点的对应关系是否合理；
（2）教学内容和教学活动能否有效支撑课程目标的实现；
（3）考核方式能否反映课程目标的实现。

五、责任机构与评价主体

二级学院是课程目标达成度评价组织与实施的责任主体。二级学院成立评价工作小组，明确专人负责评价工作。评价工作小组成员由院长、教学副院长、专业负责人、系主任和课程负责人等组成。系主任为第一责任人，课程负责人为直接责任人，辅导员、教学秘书、相关任课教师、学生参与并配合评价工作。

课程目标达成度评价实行课程负责人负责制。

六、组织实施

课程目标达成度评价实行由教务处统筹协调、指导监督，二级学院具体组织实施的运行方式。二级学院要依据本办法，结合学科专业特点和实际，制定课程目标达成度评价实施方案，经二级学院课程目标达成度评价工作小组审定通过后执行，实施方案报教务处备案。

专业负责人要按时组织专业开展课程目标达成度评价。课程负责人和任课教师要认真开展评价并根据评价结果提出改进措施，形成"评价—反馈—改进"的持续改进机制，促进课程教学质量持续提升。

课程目标达成度评价流程如下：

（1）任课教师在课程讲授开始时告知学生课程教学大纲内容，明确课程的教学目标及支撑的毕业要求指标点、课程内容、课程教学方法、课程考核方式及标准等，以保证课程结束时收集资料的完整性和合理性；

（2）任课教师在课程教学过程中可采用多种方法收集学生学习情况评价资料；

（3）课程结束时，任课教师按教学大纲要求对学生进行全面的考核；

（4）考核结束后，任课教师对课程目标达成资料进行整理。对于定量资料，依据课程目标达成度计算方法，计算课程目标达成度，完成达成情况分析与评价。对于非定量资料，教师依据设计的评价方法，分析评价课程目标达成情况[①]；

（5）课程负责人负责组织完成课程目标达成评价分析报告（模板见附件7）。

七、评价结果及运用

评价结果：课程目标达成度评价结束后，要及时编制课程目标达成情况分析报告，包括课程基本信息、课程目标与毕业要求指标点的对应关系、支撑课程目标的各考核环节的目标分值与具体考核内容分解明细、课程目标达成度计算结果、课程目标达成情况分析与教学反思、教学持续改进措施等（见附件8）。分析报告和相关支撑材料（考核成绩、调查问卷等）要完整、可追踪，由二级学院存档，保存至学生毕业后3年。

结果应用：对课程目标达成情况进行评价，用以评估课程对毕业要求指标点的贡献是否达成，并及时反馈给相应教师和教学管理人员。帮助教师了解课程特点及所处水平，发现课程教学短板，有针对性地改进相应教学环节，调整教学内容，改善教学方法。帮助专业结合专业培养目标与毕业要求，优化课程体系，推进课程教学改革，推动本科人才培养质量的持续改进。

八、达成度评价合理性审核

课程负责人和授课教师对课程目标达成度评价数据真实性负责。课程负责人、系主任、教学副院长应逐级对课程目标达成情况分析报告中涉及的课程目标、考核方式、评分标准、教学反思、上一教学周期问题改进情况、持续改进措施等方面进行合理性审核，确认无误并签字后，按相关要求归档，达成度评价课程名单由二级学院汇总后报教务处备查。

---

① 牛礼民，贾丰源，张国涛，等. 新形势下车辆系统建模与仿真课程的教学改革研究[J]. 大学教育，2023（18）：45-47，59.

附件3：目标导向的试卷模版

20 -20 学年第 学期课程考核试卷

《课程名称》（ ）卷

课程代码：　　　　　　　　　　适用班级：
命题教师：　　　　　　　　　　任课教师：
系（教研室）主任：　　　　　　教学院长：
审核（签名）：　　　　　　　　审核（签名）：

课程目标	1	2	3	4	5	6	总分
分值							100
得分							

一、单击此处输入题型名称及要求（每小题　分，共　分）

1. 单击此处编辑试题

课程目标	1	2	3	4	5	小计	评卷人
分值							
得分							

二、单击此处输入题型名称及要求（每小题　分，共　分）

1. 单击此处编辑试题

课程目标	1	2	4	5	小计	评卷人
分值						
得分						

第1页，共2页

课程目标	1	2	3	4	小计	评卷人
分值						
得分						

三、单击此处输入题型名称及要求（每小题　分，共　分）

1. 单击此处编辑试题

课程目标	2	3	5	6	小计	评卷人
分值						
得分						

四、单击此处输入题型名称及要求（每小题　分，共　分）

1. 单击此处编辑试题

第2页，共2页

附件4：笔试命题审核表

课程考核命题审核表（笔试）

课程名称						课程代码			
学年学期						试卷类型	□A卷 □B卷		
命题人						开课学院			
适用专业、班级						人数			
课程类别	□公共基础课程　　□专业大类基础课程　　□实践课 □专业基础课程　　□专业课程　　　　　　□教师教育类课程								
考核类型	□考试　　□考查					卷面总分	100		
考试方式	□闭卷　　□开卷　　□半开卷					考试时长	110分钟		
课程目标									
目标1：									
目标2：									
目标3：									
目标4：									
……									

题型支撑课程目标关联矩阵

课程目标	权重(%)	分值分布	题型及分值分布									
			第一题（　题）		第　题（　题）		第　题（　题）		第　题（　题）		第　题（　题）	
			题号	满分分值	题号	满分分值	题号	满分分值	题号	满分分值	题号	满分分值
1	35	36	1, 3, 6	10	1	5	1	12	1, 2	6	1	3
2	28	26	2	2					2, 4	20	1	4
3	15	17	4	2	2	5					2	10
4	22	21	5	2					3, 4	16	1	3
...												
全卷	100	100	—	16	—	10	—	12	—	42	—	20

说明：

1. 本表须根据《课程教学大纲》认真编制；

2. "权重"一栏依据教学大纲"成绩组成及占比"中的"期末考试"一栏对应转化而来（取整）；

3. 一个小题涉及多个课程教学目标的，该题号应出现在多个课程教学目标行，相同题号对应的满分分值之和等于该题的总分。

续表

审核内容	初审	终审
符合教学大纲要求	□ 合格　□ 不合格	□ 合格　□ 不合格
考核内容覆盖课程目标	□ 合格　□ 不合格	□ 合格　□ 不合格
题型设计合理	□ 合格　□ 不合格	□ 合格　□ 不合格
试题难易程度适中（易、中、难）	□ 合格　□ 不合格	□ 合格　□ 不合格
题量合适	□ 合格　□ 不合格	□ 合格　□ 不合格
无知识性错误	□ 合格　□ 不合格	□ 合格　□ 不合格
有详细的评分标准	□ 合格　□ 不合格	□ 合格　□ 不合格
能有效评价课程目标达成	□ 合格　□ 不合格	□ 合格　□ 不合格
分值分布符合教学大纲要求的权重，总分值计算正确	□ 合格　□ 不合格	□ 合格　□ 不合格
试卷格式规范，无错别字，插图清晰	□ 合格　□ 不合格	□ 合格　□ 不合格
初审意见		
审核意见（可另附页）	审核人（签名）：　　　　　年　月　日	
终审意见		
审核意见	审核人（签名）：　　　　　年　月　日	
二级学院审核意见	教学副院长（签名）：　　　　　年　月　日	

注：1. 此表一式两份，一份装入试卷册，一份交开课学院存档。

2. 初审合格则审核人无须填写终审意见，直接交教学副院长审核。

附件5：非笔试考核方案实例

非笔试考核课程考核方案实例

课程代码	01040108	课程名称	数学模型与实验
授课教师	刘铁	开课学院（或部门）	数统学院
开课学期	2023—2024学年第2学期	考核对象（授课对象）	数学与应用数学22级2班
考核人数	57	考核时间	6.18
考核目的	考核学生应用数学基础知识和建立数学模型的基本思想方法掌握情况；应用数学软件进行科学计算的技巧掌握情况；分析、联想、推理等创造性解决问题的能力；文献检索、研读能力，科技论文写作规范掌握情况；有效沟通、组织、团队协作情况		
考核方式	☑ 课程论文　☐ 作品　☐ 总结报告　☐ 口试 ☑ 实验操作　☐ 技术技能展演　☑ 其他　课堂表现与课堂讨论		
考核内容	过程性考核包括课堂表现和课堂讨论。课堂表现主要通过课堂参与情况评价；课堂讨论通过观察各小组课堂讨论的组织、讨论质量、讨论结果的表达等方面评价。 实验考核通过实验报告质量评价。 期末通过一篇数学建模论文综合考核学生的数学应用能力。 请根据"数学模型与实验"课程的学习，选择感兴趣的实际问题，以三人左右小组为单位，模拟数学建模的过程，展开小组讨论，建立模型，上机编程运算，最后，练习写出一篇数学建模方面的文章或小论文，问题自选，题目自拟，字数不限。 要求： 1. 有题目、作者、摘要、关键词；正文应含：问题背景重述、问题分析、模型假设、符号说明、建立模型、模型求解、结果讨论、模型评价及参考文献等部分。 2. 注意摘要的写作应包含所研究的问题、研究价值（可选）、解决方法、模型、求解算法、结果及结论等要素。 3. 注意科技论文写作规范，变量用斜体，计量单位和数字用正体，注意上下标的使用，公式编辑要美观规范，要对结果进行分析说明。		
评分标准	课堂表现考核标准： 优（90～100），课堂参与度高，积极思考，积极回答问题，能够提出新问题。 良（80～89），课堂参与度较高，能够参与思考，参与回答频次较高。 中（70～79），课堂参与度一般，能够参与思考，回答问题频次一般。 及格（60～69），课堂参与度不高，能够参与思考，回答问题频次少。		

续表

评分标准	不及格（0~59），课堂参与度低，几乎不回答问题。 实验报告考核标准： 优（90~100），态度很认真，方法掌握熟练，实验量大，实验方法难度高，结果完全正确。 良（80~89），态度比较认真，方法掌握较好，实验量较大，实验方法难度较高，结果完全正确。 中（70~79），态度比较认真，方法掌握一般，实验量较大，实验方法难度一般，结果大部分正确。 及格（60~69），态度还算认真，方法掌握一般，实验量较大，实验方法难度一般，结果大部分正确。 不及格（0~59），态度不认真，方法掌握不好，实验量太少，实验方法难度较低，结果小部分正确。 课堂讨论考核标准： 优（90~100），对提出的问题理解到位，能够有效组织或积极参与小组讨论，提出的解决问题方法有创意、有可行性，善于表达，语言规范，能积极思考提出新问题。 良（80~89），对提出的问题理解比较到位，能够较为有效组织或积极参与小组讨论，提出的解决问题方法比较有创意、有可行性，表达较为清晰。 中（70~79），对提出的问题理解比较到位，能够组织或参与小组讨论，提出的解决问题方法有一定创意和可行性，表达较为清晰。 及格（60~69），对提出的问题能够理解，能够组织或参与小组讨论，提出的解决问题方法创新性不足或不具可行性，表达还算清晰。 不及格（0~59），对提出的问题理解不到位，不能有效组织或参与小组讨论，很少提出解决问题的建议，不善于表达。 课程论文考核标准： 优（90~100），选题新颖、有一定难度，综合运用所学知识，模型创新性高，结果计算准确，表达规范、准确、层次清晰。 良（80~89），选题有一定难度，综合运用所学知识，模型创新性较高，结果计算准确，表达较为规范、准确、清晰。 中（70~79），选题难度中等，运用部分所学知识，模型创新性一般，结果计算基本准确，表达规范性、准确性、清晰性一般。 及格（60~69），选题难度较低，运用部分所学知识，模型创新性较低，结果计算基本准确，表达规范性、准确性、清晰性一般。 不及格（0~59），选题难度低，知识运用不正确，模型创新性低，结果计算不准确，表达规范性、准确性、清晰性较差或存在抄袭现象。
开课学院（或部门）审核意见	教学副院长（或部门负责人）签字： 日期：　　　　　　　　　　开课学院（或部门）盖章

注：表格内容填写可续行，双面打印。　　　　　　教务处　制表

附件6：非笔试命题审核表

安康学院课程考核命题审核表（非笔试）

课程名称				课程代码		
学年学期				时间安排	□ 集中	□ 分散
命题人				开课学院		
适用专业、班级				人数		
课程类别	□公共基础课程　　□专业大类基础课程　　□实践课 □专业基础课程　　□专业课程　　　　　　□教师教育类课程					
考核类型	□考试　　　□考查			考核分制	□ 五级制　　□ 百分制	
考试方式	□课程论文　　□作品　　　　　　□总结报告　　□口试 □实验操作　　□技术技能展演　　□其他＿＿＿＿＿＿					
课程目标						
目标1：						
目标2：						
目标3：						
目标4：						
…						

考核内容（项目）支撑课程目标关联矩阵

课程目标	权重(%)	分值分布	项目及分值分布									
			第一项（如：排球技术熟练度测试）		第二项（如：排球技术教学能力测试）		第　项（　　）		第　项（　　）		第　项（　　）	
			项目编号	满分分值	项目编号	满分分值	项目编号	满分分值	项目编号	满分分值	项目编号	满分分值
1	35	36	1,3,6	10	1	5	1	12	1,2	6	1	3
2	28	26	2	2					2,4	20	1	4
3	15	17	4	2	2	5					2	10
4	22	21	5	2					3,4	16	1	3
…												
全卷	100	100	—	16	—	10	—	12	—	42	—	20

说明：

1. 本表须根据《课程教学大纲》认真编制；

2. "权重"一栏依据教学大纲"成绩组成及占比"一栏对应转化而来（取整）；

3. 一个成绩组成项目涉及多个课程教学目标的，该项目应出现在多个课程教学目标行，相同项目对应的满分分值之和等于该成绩组成项目的总分。

续表

审核内容	初审	复审
符合教学大纲要求	□ 合格　□ 不合格	□ 合格　□ 不合格
考核内容覆盖课程目标	□ 合格　□ 不合格	□ 合格　□ 不合格
考核内容合理	□ 合格　□ 不合格	□ 合格　□ 不合格
难度合适	□ 合格　□ 不合格	□ 合格　□ 不合格
有详细的评分标准	□ 合格　□ 不合格	□ 合格　□ 不合格
评分标准合理	□ 合格　□ 不合格	□ 合格　□ 不合格
能有效评价课程目标达成	□ 合格　□ 不合格	□ 合格　□ 不合格
分值分布符合教学大纲要求的权重，总分值计算正确	□ 合格　□ 不合格	□ 合格　□ 不合格
考核方案形式规范，无错别字	□ 合格　□ 不合格	□ 合格　□ 不合格
初审意见		
审核意见（可另附页）	审核人（签名）：　　　　年　月　日	
终审意见		
审核意见	审核人（签名）：　　　　年　月　日	
二级学院审核意见	教学副院长（签名）：　　　　年　月　日	

注：1. 此表一式两份，一份装入归档材料，一份交开课学院存档。
　　2. 非试卷考核，审核人对照命题人提交的考核方案进行审核。
　　3. 初审合格则审核人无须填写终审意见，直接交教学副院长审核。

附件 7：课程目标达成评价报告实例

数学模型与实验
课程目标达成度评价分析报告

2023—2024 学年第二学期

请核实以下项目，在方框内打钩，并亲自签名确认：

☐（1）本次教学全过程能够按照课程教学大纲和授课计划执行。

☐（2）本次课程目标达成评价依据课程教学大纲中的考核方式及考核环节进行了评价。

☐（3）任课教师针对课程目标的达成情况进行了分析总结，针对发现的问题提出了明确可行的改进措施。

任课教师（签字）：_____

课程负责人（签字）：_____

日　　　　期：_____

第四章 以专业认证为抓手推动质量文化建设

一、课程目标达成度评价情况

表 1　课程基本情况

课程名称	数学模型与实验	课程编码	01040108	课程类型	专业必修课程
开课单位	数学与统计学院	学时	48.0	课程学分	2.0
开课学期	2023—2024（2）			任课教师	刘铁
评价对象	专业	数学与应用数学	年级	2022	评价人数（人次数）	57

序号	课程目标内容	对应的毕业要求指标点
课程目标1	知识与方法。掌握应用数学基础知识和建立数学模型的基本思想方法。	3-1 具有数学学科的基本素养。掌握数学学科的基本知识、基本原理和基本技能，具有数学抽象、逻辑、推理、直观想象、数学运算等的重要思维品质和关键能力。
课程目标2	科学计算。掌握应用数学软件进行科学计算的技巧。	3-3 具有一定的数学应用能力和创新意识。能够将所学数学知识与方法应用到数学及计算机、物理等相关领域。
课程目标3	创新思维。具备一定的分析、联想、推理等创造性解决问题的能力。	3-3 具有一定的数学应用能力和创新意识。能够将所学数学知识与方法应用到数学及计算机、物理等相关领域。
课程目标4	文献研读与学术写作。具备文献检索、研读能力，掌握科技论文写作规范，具备科技论文写作能力。	3-2 了解相关学科知识。理解数学与物理、计算机等其他学科的联系，了解数学与社会实践的联系。
课程目标5	团队协作。通过团队研讨解决问题，学会沟通、组织、团队协作。	8-2 掌握沟通合作技能。能够开展小组互助和合作学习，积极交流，共同解决问题。

考核环节组成（j）	课堂表现	实验报告	课堂讨论	课程论文	课程目标考核总分值（$\sum_{j=1}^{n} Z_{ij}$）
各考核环节成绩占比%	15	30	15	40	
课程目标（i）	支撑课程目标的各考核环节目标分值（Z_{ij}）				
课程目标1	15	6		10	31
课程目标2		18		10	28
课程目标3		6	6	10	22
课程目标4				10	10
课程目标5			9		9

注：本表依据课程教学大纲内容填写。i 表示具体课程目标，j 表示支撑课程目标的考核环节，Z_{ij} 表示支撑课程目标 i 的考核环节 j 所占目标分值。

表 2 考核环节具体考核内容明细表

考核环节具体内容及总分	课堂表现		实验报告		课堂讨论		课程论文	
	内容	分值（N）	内容	分值（N）	内容	分值（N）	内容	分值（N）
课程目标 1	课堂参与度	15	实验一	6			知识运用综合性	10
课程目标 2			实验三—五	18			结果准确性	10
课程目标 3			实验二	6	表达与准确性	6	模型创新性	10
课程目标 4							表达清晰性	10
课程目标 5					组织与参与度	9		

注：五级制评分可按照相关文件要求转化为百分制评分，分值 N 即为支撑课程目标的各考核环节中具体考核内容的考核总分。

过程性考核包括课堂表现和课堂讨论。课堂表现主要通过课堂参与情况评价。课堂讨论通过观察各小组课堂讨论的组织、讨论质量、讨论结果的表达等方面评价。实验考核通过实验报告质量评价；期末通过一篇数学建模论文综合考核学生的数学应用能力。考核成绩分布如图 1 至图 4 所示。

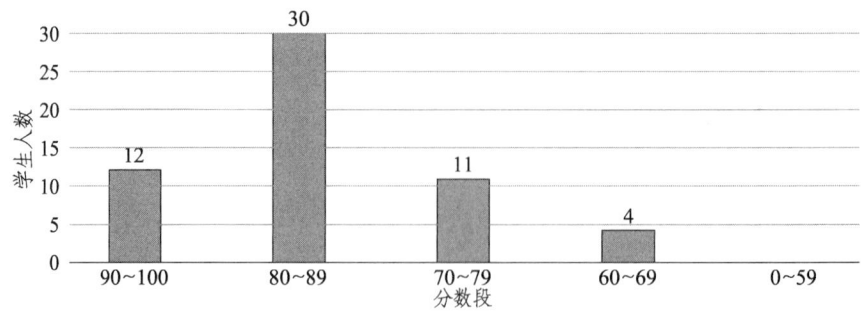

图 1 课堂表现成绩分布

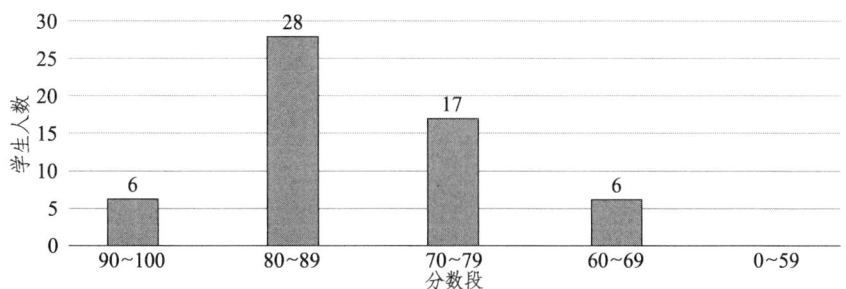

图 2　实验报告成绩分布

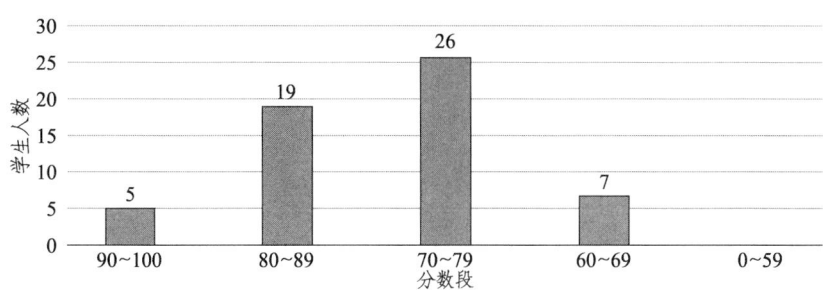

图 3　课堂讨论成绩分布

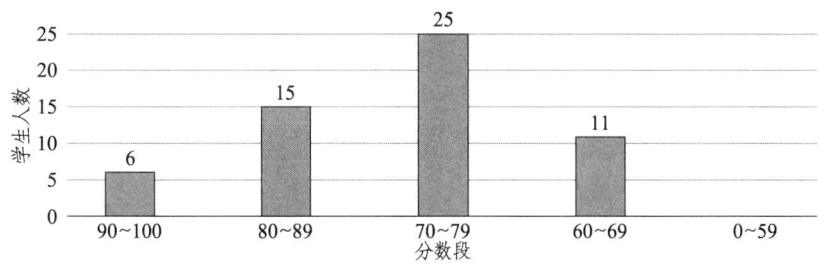

图 4　课程论文成绩分布

各考核项目成绩评定较为客观，分布基本上呈正态，区分度明显。从课堂表现成绩看，该班学生学习态度还是端正的，表现出对课程内容浓厚的兴趣，课堂参与度较高；实验成绩、课程论文成绩呈正态分布；课堂讨论成绩不理想，有些小组讨论不认真，有说闲话现象，很多小组不积极争取或没能争取到回答问题的机会。

二、达成度评价情况分析

（一）课程目标达成情况（见表3和表4）

表3　课程目标达成度计算结果

课程目标（i）	考核方式（j）	具体考核内容	考核环节满分（G_{ij}）	实际得分平均分（P_{ij}）	考核目标分值（Z_{ij}）	课程目标达成度 $(D_i = \sum_{j=1}^{n} \frac{P_{ij}}{G_{ij}} \cdot \frac{Z_{ij}}{\sum_{j=1}^{n} Z_{ij}})$
课程目标1	课堂表现	课堂参与度	100	81	15	0.79
	实验报告	实验一	100	77	6	0.79
	课程论文	知识运用综合性	100	76	10	0.79
课程目标2	实验报告	实验三至五	100	78	18	0.79
	课程论文	结果准确性	100	80	10	0.79
课程目标3	实验报告	实验二	100	84	6	0.77
	课堂讨论	表达与准确性	100	74	6	0.77
	课程论文	模型创新性	100	74	10	0.77
课程目标4	课程论文	表达清晰性	100	75	10	0.76
课程目标5	课堂讨论	组织与参与度	100	79	9	0.8

由图 5 可见，五个课程目标达成值分别为 0.79、0.79、0.77、0.76、0.8，相对均衡，均达到了 0.7 的期望值。相对而言知识目标、科学计算能力目标、协作能力目标达成度较好，创新思维能力、文献研读与论文写作能力目标达成度略低，学生的眼界不宽、创新意识不强、成功经验少、规范意识不够、平时文献研读少都是原因。

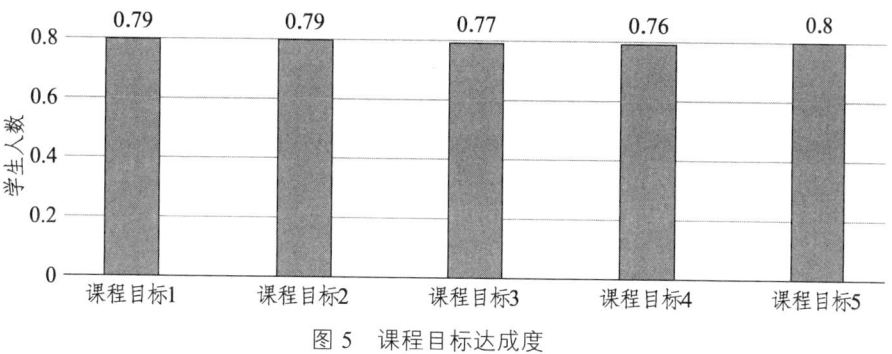

图 5　课程目标达成度

由图 6 可见，在知识目标上，仅有 4 名同学未达到期望值 0.7，主要是学习态度不端正，数学基础差，课堂上跟不上老师的节奏，存在一定程度的厌学情绪，需要配合辅导员做好心理辅导。

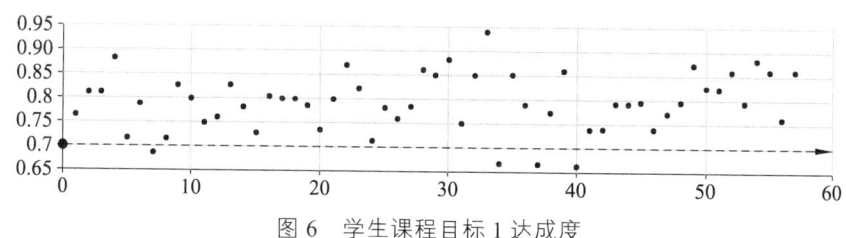

图 6　学生课程目标 1 达成度

由图 7 可见，科学计算能力方面，有 5 名同学未达到期望值，主要是电脑操作熟练度不够，又跟不上大家的节奏，无法做到听课与操作的高效衔接，这样的学生每一届都存在，老师应把握住课堂节奏，节奏上再慢一些。

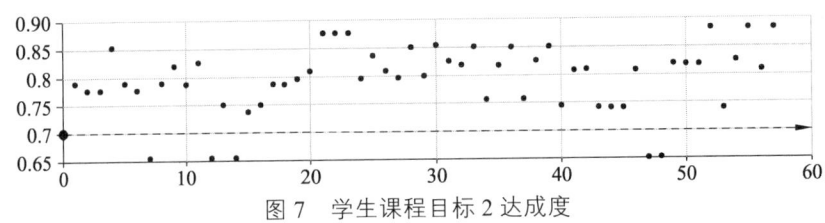

图 7　学生课程目标 2 达成度

由图 8 可见，创新思维能力方面，6 名同学未达到期望值，主要是课堂讨论不充分、成功经验少、存在畏难情绪、不适应竞争氛围等，需要提问时给予有效启发，或将问题进一步分解，并尽可能给不常回答问题的同学机会，及时表扬鼓励，找回其自信心。

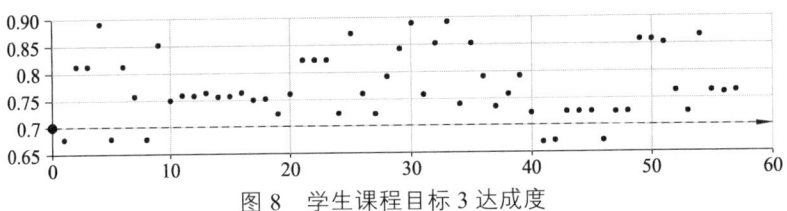

图 8　学生课程目标 3 达成度

由图 9 可见，文献研读与论文写作能力方面，21 名同学未达到期望值，主要是课堂教学中对于学术规范强调不足，未对学生课外文献研读提出明确的要求，很多学生对于一篇优秀的数学建模论文没概念，需要在教学中更多地强调学术规范和文献研读，尤其要提供一些优秀获奖建模论文案例供其研读，并通过提交研读报告对其加以督促和强化。

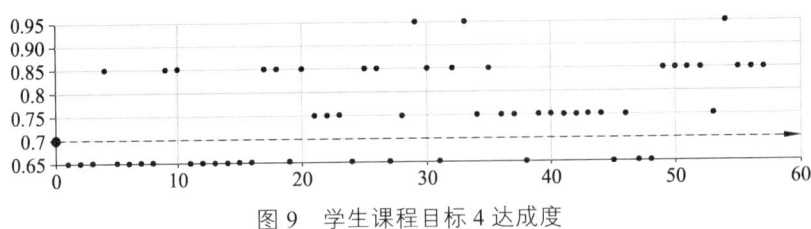

图 9　学生课程目标 4 达成度

由图 10 可见，协作能力目标方面，仅有 3 名同学未达到期望值，同学们的课堂讨论氛围和习惯基本上养成，组长能够负起责任，组织讨论较为充分，这几位同学主要是偶尔缺课，参与讨论不够积极，未养成课前预习、课后扩展阅读的习惯，需要加强学法指导，严格课堂管理。

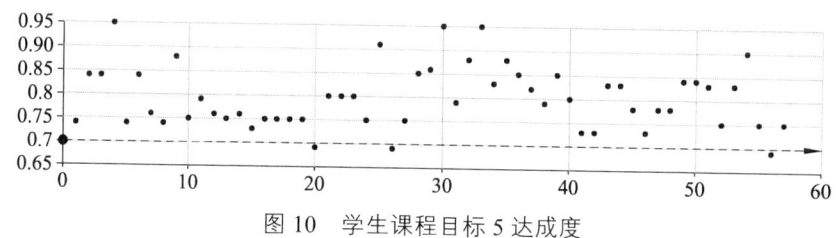

图 10　学生课程目标 5 达成度

（二）教学反思

1. 高达成度课程目标经验总结

相对而言，知识目标、科学计算能力目标、协作能力目标达成度较好，主要经验有：

（1）学期初的思维训练、实用而又兼具趣味性的案例教学，迅速抓住了学生的学习兴趣，对于学生而言，有趣的才学，有用的才重视。

（2）开学第一课就让学生明确考核方案与标准，严明课堂纪律要求，讲清课程特点及学习方法。经过两周的酝酿即结成 3 人学习小组，开展课堂讨论训练，使学生习惯新的教学组织形式，磨合默契度。

（3）实验项目实用，且均为学生跳一跳能够达到的层次，能够吸引学生努力去完成，获取成功的体验，从而建立自信心。

（4）指导耐心，本着勿使一个人掉队的追求，对每一个学生不抛弃、不放弃，对发现的操作错误及时给与指导，保护一点点积累起来的自信心。

2. 低达成度课程目标原因分析

相对而言，创新思维能力、文献研读与论文写作能力目标达成度略低，主要原因有：

（1）提问难度控制不到位，与学生知识基础和能力有些距离，需要进一步分解问题，耐心启发，逐步建立学生回答问题的自信。

（2）对文献研读作业要求不够具体，对于提供给学生课后的自主学习材料，很多学生没有及时浏览，没有学到材料中的学术规范、优点和特色。需要强化学法指导，对于课后学习材料给出明确的要求，强化监督。

（三）上一教学周期存在问题及改进情况

上一周期创新能力、协作能力目标达成度相对不高，分别为 0.74 和 0.73。主要是不适应集体讨论式学习，有些学生不能很好地表达，不敢站起来发言，总是退缩。这也与考核方式有关，有些学生认为既然是小组考核，自己不会或不发言也不要紧，可以蒙混过关。

为此，开学初强调了考核和纪律要求，有意识增加更多富有挑战性的问题和讨论机会，借助雨课堂弹幕等现代化手段，克服学生怯懦心理，给更多小组和成员展示的机会。为防止学生消极应对小组任务，采用个人自评与组内互评相结合的评价方式，更加客观地评价每位学生的贡献，有效地刺激了学生的学习积极性，提高了课堂参与度，培育了竞争意识与创新意识，本周期两项指标达成值均有所提升，分别为 0.77 和 0.80。

（四）持续改进策略

针对本周期问题，新的教学周期计划在以下方面做出改变：

（1）适当布置课前测试问题，摸清学生知识储备情况和思维特点，知己知彼，控制问题难度，偏难问题尽量分解为相对具体的小问题，培养学生对细节的思考，训练学生对于思维路线的把握，对于简单问题的正确回答也要及时予以鼓励，逐步建立学生学习的自信心，培育竞争意识和创新意识。

（2）加强课后自主学习管理，挑选数学建模竞赛获奖精品论文或者已发表的数学建模论文，提供给学生课后阅读，提出明确要求。例如形成研究报告或学习体会等，时间允许的情况下挑选一两篇进行详细剖析，使学生明确数学建模论文的特点和学术规范，强化数学学科知识的规范表达，进一步强化学法指导。

表4 达成度评价合理性审核表

审核项目		审核人员					
		课程（群）负责人		系（教研室）主任		教学副院长	
课程目标	课程目标设计是否科学合理	是□	否□	是□	否□	是□	否□
考核方式	试卷考核						
	考核内容是否符合大纲要求	是□	否□	是□	否□	是□	否□
	题型设计是否合理	是□	否□	是□	否□	是□	否□
	题量、试题难易程度是否合理	是□	否□	是□	否□	是□	否□
	是否有详细合理的评分标准	是□	否□	是□	否□	是□	否□
	其他方式						
	考核内容是否符合大纲要求	是□	否□	是□	否□	是□	否□
	难度是否合理	是□	否□	是□	否□	是□	否□
	是否有详细合理的评分标准	是□	否□	是□	否□	是□	否□
	是否严格执行评分标准	是□	否□	是□	否□	是□	否□
教学反思	反思是否到位，具有针对性	是□	否□	是□	否□	是□	否□
上一教学周期问题改进情况	问题改进是否有成效	是□	否□	是□	否□	是□	否□
持续改进措施	措施是否符合实际，具有操作性	是□	否□	是□	否□	是□	否□
审核意见							
签字							

附件8：安康学院学生课程目标达成情况问卷调查表

20____—20____学年第____学期

课程名称：_____　　任课教师：_____　　专业班级：_____

序号	课程目标	课程目标达成情况相关问题	学生自评价				
			非常符合	比较符合	基本符合	比较不符合	非常不符合
1	1						
2	1						
3	……						
4	2						
5	2						
6	……						
7	3						
8	3						
9	……						
10							

意见与建议：

日期：

第五章

以审核评估为契机推动质量文化建设

审核评估不仅是对高校现有质量状况的一次全面检查,更是推动质量文化建设的重要契机。通过审核评估,学校和二级学院可以深入剖析自身在质量管理、质量意识、质量行为等方面存在的问题和不足,进而明确质量文化建设的方向和重点。

利用审核评估评建过程推动质量文化建设。围绕审核评估指标体系,发动全校上下反思工作体系、举措、成效、问题及改进方向,能促进工作的系统性、完备性、有效性,强化质量意识,形成自律、自省、自觉、自查、自纠的质量文化。

鼓励全体教职员工积极参与审核评估和质量改进活动,提出建设性意见和建议,形成全员关注质量、全员参与质量改进的良好氛围。

通过审核评估,可以发掘在质量管理、质量创新等方面表现突出的部门或个人,树立为质量标杆,进行表彰和奖励,以激发全员的质量热情和创造力。逐步建立起以质量建设为核心的文化氛围,为学校的可持续发展奠定坚实基础。

第一节 审核评估自评工作

安康学院在审核评估评建过程中,坚持问题导向、目标导向和效果导向,逐步推动合格评估整改与审核评估自评自建工作。2023年7月,全面启动新一轮审核评估工作，学校党政齐抓共管、全员参与、扎实推进、以评促强，取得了预期成效，有效促进了质量文化形成。

一、统筹规划，齐抓共管

学校印发《安康学院本科教育教学审核评估工作方案》，明确了指导思想、工作目标、任务分解和进度要求，确保自评自建有序有效开展。成立了由党委书记、校长任组长，其他校领导任副组长，全体部门负责人、各二级学院院长、党总支书记为成员的本科教育教学审核评估工作领导小组，全面领导部署、指导督查审核评估工作；以二级学院为单位，成立了12个院级本科教育教学审核评估工作小组，贯彻学校各项政策，组织落实具体工作。同时，充分发挥纪检监察、教学督导的监督和指导作用，确保自评自建工作有效开展。学校党政齐抓共管、统一领导，二级单位各负其责、协同合作，构建"党委领导、校长主抓、部门联动、学院落实、全员参与"的分层落实机制，稳步推进学校审核评估工作。

二、广泛宣传，全员参与

学校通过组织本科教育教学审核评估工作培训会、专题会议、重点工作推进会，建设专题网站，定期编制工作专刊，发布工作动态、"每日一问"知识点汇总，学校官网微信推文、新闻报道等，多途径广泛宣传，营造良好评建氛围。编印《新一轮本科教育教学审核评估应知应会》教师版和学生版等学习资料，组织开展"审核评估人人说"活动，即二级学院院长书记说发展、专业负责人说专业、授课教师说课程、辅导员说育人、职能部门负责人说服务等活动，进一步激发全体师生主人翁意识，凝聚评建共识，形成全员参与的工作态势。

三、夯实责任，扎实推进

学校围绕审核指标，聚焦审核重点，坚持问题导向、目标导向和效果导向原则，根据"学习动员、自评自建、预评整改、接受评估、整改提高"

五个阶段工作安排，按照"有目标、有任务、有督导、有反馈、有成效"的要求，扎实推进多轮自查整改与督导检查，形成全校上下共同参与、权责清晰、衔接顺畅、执行有力的评建工作局面。

一是明确目标，分段逐步开展自查整改工作。根据安康学院本科教育教学审核评估工作要点和二级单位年度目标任务清单，采取全面自查与专项自查整改相结合的方式，开展三轮自查整改工作，要求各二级单位总结教育教学经验，查摆问题，建立台账。第一轮全面自查整改阶段，各二级学院从课程考核、毕业论文（设计）、学生管理、实践环节、自评报告等6个方面21项具体任务，开展全面自查整改；各职能部门按照审核评估指标体系分解任务，撰写自评报告。第二轮专项自查阶段各二级学院对人才培养方案、教学大纲、学生管理等方面开展专项自查与总结，着重突出亮点，找准问题，深挖原因，提出措施；各职能部门对标审核评估指标开展实体性工作，推进重点特色项目建设。第三轮重点加强教风、学风建设；各职能部门聚焦顶层设计、制度建设、规范管理，提升服务教育教学能力。

二是夯实责任，严格落实督查问效机制。印发《安康学院本科教育教学审核评估目标任务考核实施方案》，将审核评估工作纳入学校年度目标任务考核。根据方案要求，结合各阶段自查整改情况，采取指导培训与督导检查相结合的方式落实督查问效机制。每轮督导检查均由学校领导带队，校教学督导、部分二级学院院长、职能部门负责人共同参与，深入各二级单位指导、检查、反馈、问效，确保评建工作落实落细。其间多次召开反馈会、培训会、交流会，以各阶段问题整改销号台账为抓手，指导二级单位即评即改、即评即建，推动评建工作在提高"五个度"的方向上取得扎实成效。

四、持续优化，以评促强

学校始终把审核评估作为推动教育教学事业高质量发展的重要契机，通过自评自建，进一步凝练了办学特色，总结了人才培养成效，优化了教育教学管理制度，推进了教育教学改革，增强了师资队伍，强化了学生管理机制，完善了质量保障体系，形成全员重视教学、政策保障教学、教师倾心教学、学风促进教学、科研反哺教学、经费支持教学、管理服务教学的良好局面。学校本科教学中心地位更加巩固，立德树人和质量意识更加牢固，教育教学管理更加规范，办学条件持续改善，人才培养质量不断提高，为高质量发展夯实了基础。

第二节 审核评估工作方案

审核评估是一项需要全体教职员工共同参与的系统工程，需要有一个详细、周密的工作方案统领全校评估工作，凝聚人心，积聚力量，统一质量价值观念、质量行为标准。因此，好的审核评估工作方案，也可以看作是质量文化建设的纲领性、引导性文件。

一、指导思想和工作目标

（一）指导思想

以习近平新时代中国特色社会主义思想为指导，深入贯彻落实全国教育大会精神，牢固树立本科教育教学的核心地位，把立德树人成效作为学校检验一切工作的根本标准。以"学生中心、产出导向、持续改进"为基本理念，坚持以评促建、以评促改、以评促管、以评促强，推动我校构建自觉、自省、自律、自查、自纠的质量文化，引导学校内涵发展、特色发展、创新发展，培养德智体美劳全面发展的社会主义建设者和接班人。

（二）工作目标

新一轮审核评估的工作目标为"1235"：
1个根本：立德树人根本任务；

2个地位：人才培养中心地位，本科教育教学核心地位；

3个理念：学生中心，产出导向，持续改进；

5个度：人才培养目标的达成度，社会需求的适应度，师资和条件的支撑度，质量保障运行的有效度，学生和用人单位的满意度。

二、基本原则

（一）坚持立德树人

把牢社会主义办学方向，构建以立德树人成效为根本标准的评估体系，注重对学校办学方向、育人过程、学生发展、质量保障体系等方面的审核，构建"三全育人"格局。

（二）坚持推进改革

紧扣本科教育教学改革主线，落实"以本为本""四个回归"，强化学生中心、产出导向、持续改进，以评估理念引领改革、以评估举措落实改革、以评估标准检验改革，实现高质量内涵式发展。

（三）坚持特色发展

依据《普通高等学校本科专业类教学质量国家标准》以及新一轮审核评估要求建设专业，同时从学校办学定位落实，在专业培养目标、毕业要求、课程体系、教学内容的修订与优化等方面注重体现地方性和应用性，突出特色建设。

（四）坚持问题导向

建立"问题清单"，坚持正确办学方向，落实本科人才培养底线要求，提出改进发展意见，强化评估结果使用和督导复查，落实主体责任，建立持续改进长效机制，培育和构建学校的质量文化。

三、审核评估工作机构及工作职责

（一）本科教育教学审核评估工作领导小组

组　　长：党委书记、校长

副组长：其他校领导

成　　员：党政办、组织部、宣传部、统战部、纪委综合室、纪委纪检监察室、巡察办、人事处、学工部、保卫处、教务处、科研处、合作发展处、计财处、审计处、基建处、拆迁办、国资处、后勤处、评估中心、团委、工会、信息化中心、图书馆、继续教育学院等全体部门负责人，各二级学院院长、党总支书记

主要任务：

（1）负责学校本科教育教学审核评估工作的领导、顶层设计、组织和实施。

（2）负责审定学校审核评估工作方案、阶段任务、自评报告、补充报告、整改报告等重要材料。

（3）定期召开工作会议，指导、监督和检查审核评估工作的进展情况。

（4）审议、协调和决策审核评估工作的重大事项、重大问题和政策措施。

（5）落实审核评估工作经费，为审核评估工作提供政策支持和条件保障。

（二）本科教育教学审核评估工作办公室（简称"评估办"）

本科教育教学审核评估工作领导小组，下设评估工作办公室，设在教育教学质量评估中心，其成员的组成和工作职责如下。

主　　任：分管评估工作校领导

副主任：评估中心、教务处、党政办负责人

成　　员：人事处、学工部、计财处、国资处、团委、信息化中心等职能部门负责人和各二级学院院长、党总支书记

工作人员：全校范围抽调5~7名工作人员

主要任务：

（1）贯彻落实学校审核评估工作领导小组的工作部署，协调各专项工作组及职能部门之间的工作。

（2）与西部高等教育评估中心协调审核评估相关事务，与项目管理员对接相关工作。

（3）及时汇总评估情况，研究和协调解决评估工作中存在的困难，协调、处理评估工作中的各项难点问题；向学校审核评估工作领导小组汇报进展情况。

（4）制定审核评估工作方案，分解评估任务，落实目标责任，细化工作安排，部署具体工作任务。

（5）编印审核评估工作学习材料，负责审核评估培训工作。

（6）组织协调并督促各专项小组、各学院、职能部门按要求完成审核评估各阶段工作任务。

（7）制定线上评估工作方案和入校评估工作方案。

（8）统筹协调各单位迎评工作，组建线上评估和入校评估的工作网络。

（9）组织开展预评估、线上评估、入校评估工作。

（10）结合专家组意见，提出整改建议，负责审核评估工作总结、整改、回访工作。

（三）本科教育教学审核评估专项工作小组

为保障我校本科教育教学审核评估工作顺利开展，组建11个专项工作小组，各小组指定1名联络秘书，名单报评估办。

1. 综合组

责任领导：分管评估工作校领导

组　　长：评估中心、教务处、党政办负责人

成　　员：人事处、学工部、合作发展处、国资处等相关部门负责人

主要任务：负责起草学校审核评估《申请书》《自评报告》《补充报告》《整改方案》《中期自查报告》《整改工作总结报告》等重要材料；负责"高

等教育质量监测国家数据平台"填报工作；负责准备线上评估和入校评估期间专家组的案头材料；指导、审核各二级学院、职能部门、专项小组评估工作中的重要材料撰写工作；负责学校审核评估支撑材料准备的总策划、总协调及汇总整理；负责线上评估材料审核、上传及准备工作；负责入校评估材料审核、提交及准备工作；负责审核评估工作材料收集、整理、编目等工作；负责指导和审核各二级学院迎评材料准备工作；负责《自评报告》所需相应支撑材料收集和整理工作。

2. 办学方向与本科地位组

责任领导：分管党政办校领导

组　　长：党政办负责人

成　　员：组织部、宣传部、人事处、学工部、教务处、合作发展处、计财处等部门负责人

审核项目：该一级指标有 3 个二级指标（1.1 党的领导、1.2 思政教育、1.3 本科地位），共 10 个审核重点，另加特色发展指标。

主要任务：整理办学方向与本科地位材料，撰写报告中办学方向与本科地位部分，凝练特色部分，撰写特色发展自评报告。

3. 培养过程组

责任领导：分管教学工作校领导

组　　长：教务处负责人

成　　员：合作发展处、团委、信息化中心等部门负责人和各二级学院院长

审核项目：该一级指标有 6 个二级指标（2.1 培养方案、2.2 专业建设、2.3 实践教学、2.4 课堂教学、K2.5 卓越培养、2.6 创新创业教育），共 21 个审核重点。

主要任务：整理培养过程材料，撰写培养过程自评报告。

4. 教学资源与利用组

责任领导：分管国有资产管理工作校领导

组　　长：国资处负责人

成　　员：教务处、科研处、计财处、基建处、后勤处、信息化中心、图书馆等部门负责人

审核项目：该一级指标有 2 个二级指标（3.1 设施条件、3.2 资源建设），共 6 个审核重点。

主要任务：整理教学资源与利用材料，撰写教学资源与利用自评报告。

5. 教师队伍组

责任领导：分管人事工作校领导

组　　长：人事处负责人

成　　员：教务处、合作发展处、评估中心等部门负责人和各二级学院院长

审核项目：该一级指标有 4 个二级指标（4.1 师德师风、4.2 教学能力、4.3 教学投入、4.4 教师发展），共 11 个审核重点。

主要任务：整理教师队伍材料，撰写教师队伍自评报告。

6. 学生发展组

责任领导：分管学生工作校领导

组　　长：学工部负责人

成　　员：教务处、合作发展处、团委、体育学院、艺术学院等单位负责人和其他二级学院党总支书记

审核项目：该一级指标有 4 个二级指标（5.1 理想信念、5.2 学业成绩及综合素质、K5.3 国际视野、5.4 支持服务），共 12 个审核重点。

主要任务：整理学生发展材料，撰写学生发展自评报告。

7. 质量保障组

责任领导：分管教学工作校领导

组　　长：教务处负责人

成　　员：各二级学院院长

审核项目：该一级指标有 3 个二级指标（6.1 质量管理、6.2 质量改进、6.3 质量文化），共 6 个审核重点。

主要任务：整理质量保障材料，撰写质量保障自评报告。

8. 教学成效组

责任领导：分管校友、教学、就业工作校领导

组　　长：评估中心负责人

成　　员：人事处、学工部、教务处、计财处等部门负责人和各二级学院院长、书记

审核项目：该一级指标有 5 个二级指标（7.1 达成度、7.2 适应度、7.3 保障度、7.4 有效度、7.5 满意度），共 12 个审核重点。

主要任务：整理教学成效材料，撰写教学成效自评报告。

9. 宣传组

责任领导：分管宣传工作校领导

组　　长：宣传部负责人

成　　员：各职能部门负责人、各二级学院书记

主要任务：负责审核评估对外宣传工作；编制评估有关的宣传材料、制作学校宣传片、评估网站、学校相关视频；制定、落实审核评估期间校内宣传方案，营造宣传氛围，开展迎评宣传；负责审核评估工作期间影像记录、留存工作。

10. 外联与保障组

责任领导：分管党政办校领导

组　　长：党政办负责人

成　　员：保卫处、教务处、后勤处、评估中心、信息化中心等部门负责人

主要任务：负责对外联络和负责入校评估期间的专家生活工作条件保障和制定入校评估保障方案；负责线上评估工作的技术支持（包括线上看课听课、线上访谈座谈、线上调阅材料等）和网络布局；负责专家进校考察评估期间的医疗保障和安全保卫工作。

11. 督查与作风建设组

责任领导：纪委书记、分管组织工作校领导

组　　长：纪委、组织部负责人

成　　员：党政办、纪委综合室、纪委纪检监察室、巡察办、评估中心等部门负责人

主要任务：负责各二级学院及职能部门评估、建设和整改工作的督查；对各二级学院及职能部门进行阶段专项检查，督促及时整改；组织校内外专家指导、监督、检查教学秩序；对工作不作为、落实不力造成严重后果的部门或责任人，依据相关规定进行追责；负责组织、动员全校师生参与评估工作，推进校风、教风、学风和干部作风建设。

（四）各二级学院本科教育教学审核评估工作小组

各二级学院成立本科教育教学审核评估工作小组，由院长、党总支书记任组长，并将审核评估工作机构、组成人员及联系人报评估办备案。

主要任务：

（1）按照学校审核评估工作总体要求，制定本学院审核评估工作方案，落实本学院审核评估工作材料报送时间及工作措施。

（2）根据学校安排的阶段性审核评估工作任务，责任到人，按时保质保量完成下达的各项任务。

（3）根据评估办的要求完成本学院所有教学档案、典型案例、支撑材料等的收集、整改等工作；根据要求完成教学档案（包括毕业论文/设计、试卷、实习实践报告等）的纸质（电子）调档及审核等工作，完成线上评估和专家入校评估期间的看课听课、访谈座谈、走访等准备工作。

（4）做好本学院审核评估工作组织、动员工作，确保全员参与，全员投入，强化教学工作和教学档案的规范，确保本学院审核评估工作顺利完成。

四、审核评估时间进程和主要任务

迎评促建工作分为"学习动员、自评建设、预评整改、接受评估、整改提高"五个阶段，各阶段时间进程和主要任务如下：

（一）学习动员阶段（2023年7月—9月）

（1）认真学习，充分调研，研究出台学校审核评估工作方案，成立学校审核评估工作机构，分解任务，落实责任。

（2）编制审核评估学习材料，组织师生学习迎评促建有关文件，建设审核评估工作宣传网页，做好宣传动员工作。

（3）召开校、院两级审核评估工作动员大会，全面部署校、院两级审核评估工作。

（4）各二级学院、职能部门按要求成立评估组织机构，二级单位党政负责人是审核评估工作的第一责任人。

（5）各二级学院、职能部门认真学习教育部和省教育厅审核评估相关文件，根据学校审核评估工作方案，制订实施本单位审核评估工作计划，落实目标、要求、责任人和时限。

（二）自评自建阶段（2023年10月—2024年2月）

（1）评建办发布审核评估学习材料，组织审核评估相关培训。

（2）各二级学院完成本学院的自评报告撰写，并整理相关支撑材料；各专项小组完成各自指标部分的自评报告撰写，并整理相关支撑材料。

（3）完成《自评报告》初稿，汇总整理相关支撑材料；完成"高等教育质量监测国家数据平台"的填报工作；完成《本科教学质量报告》修订稿、《教学状态数据分析报告补充说明》初稿。

（4）完成教学档案材料（包括毕业论文/设计、试卷、实习实践报告等）的自查工作，并在此基础上形成规范的教学档案。

（5）完善教育教学资源检查与校园环境整治等相关条件保障工作，完成线上评估技术支持（包括线上访谈座谈、线上看课听课、线上调阅材料等）和网络布局等。

（6）检查、布置校园文化建设、校内外宣传、校风建设、学生文明礼仪建设等工作。

（7）组织校内外专家对各教学单位、职能部门、专项小组形成的教学档案、支撑材料等进行全面检查，督促及时整改。

（8）各二级学院、职能部门、专项小组根据整改意见，逐项落实，持续改进，优化提高。

（三）预评整改阶段（2024年3月—9月）

（1）综合组与项目管理员联系，明确线上评估和专家入校评估准备工作。

（2）完成《线上评估工作方案》，组建线上评估工作网络；审视协调线上评估各环节工作，组织各工作组开展模拟演练。

（3）完成《自评报告》《本科教学质量报告》《教学状态数据分析报告补充说明》，提交评估办呈报评估工作领导小组，审核通过后在审核评估管理系统提交。

（4）优化完善审核评估支撑材料，牵头各单位完成教学档案材料的收集、整理和编目，并做好线上评估材料审核、上传等准备，制作完成专家组的案头材料。

（5）完善教育教学资源、校园教学环境整治等工作，确保安全、卫生、综合治理到位，完成线上评估支撑系统测试。

（6）继续完善校园文化建设、新媒体宣传、校风建设、校园文明建设等工作。

（7）督查组督查各二级学院、职能部门、专项工作组等评估工作及整改落实情况。

（8）组织各专项工作组、二级学院每月以PPT形式向审核评估领导小组汇报审核评估进展情况，并提交汇报材料纸质版及问题清单、整改销号台账。

（9）开展预评估（2024年6月）。邀请专家按审核评估要求进校考察。

（10）开展预评估整改工作（2024年7月—9月）。

（四）接受评估阶段（2024年10月—11月）

1. 线上评估阶段（2024年10月—11月）

（1）负责与评估中心、项目管理员对接相关工作，全面协调线上评估和入校评估工作，线上评估后期，与评估中心、专家组协商确定入校评估必查、选查环节和内容。

（2）完成《入校评估工作方案》、联络员培训和经费预算等。

（3）各专项小组根据专家线上评估意见和存疑问题清单，及时撰写涉及本组指标内容的补充说明，并补充支撑材料和线上评估材料，根据专家需要及时提供相关材料等。

（4）完成《自评报告》补充说明，完成《专家工作服务指南》，为入校评估做好准备。

（5）根据评估工作需要，做好线上评估各方面条件保障，完成《入校评估保障方案》。

2. 入校评估阶段（2024年10月—11月）

专家入校评估期间，配合专家做好服务保障工作，为专家提供便利的工作条件，协助专家开展现场工作。

（五）整改提高阶段（2024年12月—2026年11月）

（1）对照审核评估报告（含问题清单）及专家组提出的意见和建议进行整改工作，学校成立整改工作领导小组，在评估结论反馈30日内，制定并提交《整改方案》。

（2）坚持问题导向，找准问题原因，排查薄弱环节，提出解决举措，全面落实整改任务；建立整改工作台账，确保整改取得实效，有效促进学校人才培养质量整体提升；在一年内接受省教育厅整改中期检查；在两年内完成整改并提交《整改报告》，接受督导复查。

五、工作要求

（一）高度重视，全员参与，认识到位

本科教育教学审核评估是国家对高校办学水平和办学实力的全面检

验，评估结果对我校社会声誉有重要影响。学校各级领导干部和全体师生员工要充分认识审核评估的目的、意义和作用，高度重视，广泛宣传，全员参与，精心组织，确保成效。

（二）服从大局，统筹安排，协调到位

审核评估是一个涉及全校的系统工程，我校计划于2024年下半年接受评估，时间紧迫、任务艰巨、责任重大。评估期间，任何单位和个人必须服从评估工作大局，服从学校统一安排。负责评估工作的各级领导干部和其他专、兼职工作人员务必全身心投入，保证按质、按量、按时完成各阶段的评估工作任务。

（三）把握内涵，健全制度，措施到位

各单位要深刻领会各项审核项目的内涵，根据任务分解，准确把握每个审核要点的内容、形式以及所应提供的支撑材料。各单位要分阶段及时总结评估工作，完善相关制度，做好运行记录，及时反馈存在问题，切实落实好整改工作；各单位要建立评估工作资料管理制度，评估资料由专人管理，有专门的存放场所。

（四）狠抓落实，讲求实效，督查到位

本科教育教学审核评估强调的是日常工作状态。在自评工作中各专项工作组一定要经常深入教学第一线，考察的形式要多样化、范围要广泛化，实实在在总结成绩、查找问题，任何结论都须有事实依据，对各单位的工作要诊断准确、全面，在整改过程中，各相关单位必须扎扎实实、认认真真进行整改，整改措施必须落实到位，并持续改进。

（五）突出优势，及早规划，建设到位

本科教育教学审核评估重在建设，各单位须把软、硬件建设工作放在突出位置上，按照审核要点逐一检查，及早发现薄弱环节，及早提出建设规划，同时强化优势，突出特色，及时落实建设方案。

六、保障措施

（一）加大宣传，加强培训，营造氛围

加大评估工作的宣传力度，营造良好的评估氛围，加强对评估政策、评估范围、评估方法、评估经验等的学习与培训工作。按评估工作的不同阶段，对全体师生员工进行分层次、分类别，有针对内容的培训和动员，明确工作职责，调动和发挥广大师生员工的积极性，形成"人人了解评估、人人重视评估、人人关心评估、人人参与评估"的良好氛围。

（二）细化分工，明确任务，夯实责任

加强领导，细化分工，任务到人，责任到人；各部门、各二级学院的党政主要负责人作为评估工作的第一责任人，要切实负起责任；要坚持从大局出发，服从统一安排调度，努力做好评估的各项工作。

（三）建立健全各类规章制度

根据评估工作需要，完善各类评估制度，主要包括：校长办公会研究评估工作制度、审核评估领导小组工作会议制度、评估工作督查、考核、责任追究与奖罚机制和教学单位评估工作制度，保证评估工作有章可循。

（四）建立人力物力财力保障机制

学校设立评估工作专项资金，进一步加大对本科教学的投入，进一步改善办学条件和教学环境，为评估工作人力、物力和财力提供最大支持，确保各项评估工作顺利进行。

（五）实施激励机制和责任追究制度

在评估过程中，进一步严肃党纪、政纪，实施激励机制和责任追究制度；学校教育教学审核评估领导小组对各责任单位、责任人每一阶段的评估工作开展情况进行考核；对工作态度积极、业绩突出者予以表彰，对工作落实不到位、整改不到位者追究其责任。

第三节　审核评估重点、特色建设项目

为进一步加快学校内涵发展，做好迎评工作，对照审核评估体系，查摆弱项不足，针对存在的问题和差距，提出重点、特色建设项目计划。本计划以审核评估指标要求和学校"十四五"事业发展规划为指导，实行项目式管理，整合学校各方面力量，协同推进，重点突破，加快推进审核评估达标建设。

一、重点建设项目

项目 1：校史馆建设项目

责任领导：分管党政办校领导

牵头部门：党政办

完成时间：2024 年 6 月

项目 2：学校宣传片制作项目

责任领导：分管宣传工作校领导

牵头部门：宣传部

完成时间：2024 年 6 月

项目 3：安康非遗展示馆建设项目

责任领导：分管教学工作的校领导

牵头部门：艺术学院、文传学院

完成时间：2024 年 6 月

项目 4：博士工作站、专家工作站建设项目

责任领导：分管科研工作的校领导

牵头部门：科研处

完成时间：2024 年 3 月

项目5：毕业生跟踪调查项目

责任领导：分管招生就业工作的校领导

牵头部门：招就处

完成时间：2024年3月

项目6：教育教学成果展室建设项目

责任领导：分管教学工作的校领导

牵头部门：教务处

完成时间：2024年6月

项目7：课堂教学数字化工具建设项目

责任领导：分管教学工作的校领导

牵头部门：信息化处

完成时间：2024年3月

项目8：达成度评价计算软件建设项目

责任领导：分管教学工作的校领导

牵头部门：教务处

完成时间：2023年12月

项目9：安康学院校友发展评价系统

责任领导：分管招生就业工作的校领导

牵头部门：招就处

完成时间：2024年3月

二、特色建设项目

项目1：围绕服务地方发展目标开展工作

学校确立了服务基础教育、服务"三农"、服务区域经济社会发展的办学方向，围绕"三服务"梳理特色项目。

责任领导：党委书记、校长

牵头部门：党政办、合作与发展规划处、教务处、科研处

责任部门：各二级学院、其他各职能部门

完成时间：2024年3月

项目2：基于高校分类发展开展的特色项目

学校是陕西省教育厅与安康市人民政府共建单位，陕西省首批转型发展试点高校、教育部教育现代化推进工程应用型建设高校，围绕"应用型人才培养"梳理特色项目。

责任领导：党委书记、校长

牵头部门：党政办、合作与发展规划处、教务处

责任部门：各二级学院、其他各职能部门

完成时间：2024年3月

项目3：本科教育教学示范案例

（1）"情怀涵养，六双协同，双向贯通"的山区乡村教师培养模式。

责任部门：教务处

完成时间：2024年3月

（2）"互联网+支教"项目。

责任部门：师范生职业技能训练中心

完成时间：2024年3月

（3）"理论引领、课堂明道、实践砺行、文化浸润、管理协同"的"五位一体"思政教育新模式。

责任部门：宣传部、马克思主义学院

完成时间：2024年3月

（4）全覆盖、多路径、个性化的汉语言文学专业写作能力培养探索与实践。

责任部门：文传学院

完成时间：2024年3月

（5）体育教育专业"一师三员"应用型人才培养的探索与实践。

责任部门：体育学院

完成时间：2024年3月

（6）情怀涵养、三习贯通、四业联动：山区基层农林人才培养模式探索与实践。

责任部门：农生学院

完成时间：2024年3月

（7）"思想引领、课程塑能、实践养成、环境熏陶、学科支撑"的"五位一体"生态文明教育体系。

责任部门：教务处、旅环学院

完成时间：2024年3月

（8）"两个面向、三全覆盖、四段进阶"的地方高校大学生就业能力培养与探索。

责任部门：招就处、马克思主义学院

完成时间：2024年3月

（9）二级学院凝练本院本科教育教学示范案例。

责任部门：各二级学院

完成时间：2024年3月

第四节　审核评估考核

为扎实、优质、高效地完成审核评估工作，更有效地推动质量文化的形成，需要建立激励约束机制。为此，安康学院设计了审核评估考核方案，通过督导考核，帮助全校树立质量意识和质量行为规范。

一、考核对象

根据在教育教学审核评估工作中承担的任务，二级单位分为以下三类：

（1）各二级学院；

（2）审核评估一级指标牵头单位（简称牵头单位），包括党政办、人事处、学工部、教务处、国资处；

（3）审核评估工作成员单位（简称成员单位），包括组织部、宣传部、统战部、纪委综合室、纪委纪检监察室、巡察办、保卫处、科研处、合作发展处、计财处、审计处、基建处、协调办、后勤处、团委、工会、信管中心、图书馆、继教院。

二、考核内容

考核内容主要包括质量保障、评估材料、督导评估、加分扣分。

二级学院质量保障：制度建设、课堂教学质量、听课评课、教学巡查、人才培养方案及教学大纲、课程考核、毕业论文（设计）、实践环节资料、"1+1+N"人才培养模式、学生管理材料、教师发展、达成情况评价、专任教师磨课活动、审核评估培训工作、审核评估人人说活动、审核评估迎评汇报总结、教风学风建设情况、教师教学体验和学生学习体验满意度、学院文化氛围、重点特色项目。

职能部门质量保障：自查整改、制度建设、审核评估培训工作、审核评估人人说活动、服务教育教学工作总结、重点特色项目。

评估材料：评估材料提交时间、评估材料质量。

督导评估：预评估、正式审核评估、随机督查。

加分扣分：宣传报道、本科教育教学示范案例入选情况、奖惩情况。

三、考核方式

考核方式采用定性评分与定量评分相结合，由审核评估工作领导小组、校领导、督导检查组、评估中心等进行评分。

考核步骤按照"听、看、谈、评"四个步骤进行：

听：对照审核评估指标体系听取二级单位自评报告完成情况；听取自查整改情况；听专任教师磨课、授课情况；听学生管理情况等。

看：看二级单位自评报告及支撑材料、制度汇编、人才培养方案及教学大纲、教案、课程考核材料、毕业论文（设计）、实践环节资料、学生管理材料、教师发展材料等；看课巡课；看教风学风等。

谈：访谈二级单位班子成员；访谈专业负责人、系（教研室）主任；座谈专任教师、学生干部、毕业生等。

评：召开会议，充分讨论，对每项工作逐一进行评议；按照横向比较工作实绩对各二级单位审核评估工作进行综合评分。

四、考核评分

在学校审核评估工作领导小组、考核工作领导小组的领导下，评估中心、组织部负责审核评估工作考核的实施。考核评分实行百分制。

（1）二级学院、牵头单位的考核评分由督查与作风建设组、评估中心负责。

（2）成员单位的考核评分由牵头单位、督查与作风建设组、评估中心负责。

其中，"重点特色项目"和"评估材料"指标的

$$成员单位得分 = 牵头单位得分 \times 80\% + 牵头单位评分 \times 20\%$$

（3）为充分体现本科教育教学审核评估工作贡献度，根据承担的工作任务及完成情况设定调节系数，牵头单位调节系数设定为1.1。

具体考核评分按《安康学院本科教育教学审核评估工作目标任务考核指标体系》（附件2、附件3）进行。

五、考核结果运用与奖惩

（一）考核结果运用

各二级单位审核评估工作考核得分单独计算，作为2024年二级单位及处级干部年终考核的重要内容。2024年各二级单位年终考核最终成

绩，以年度目标任务考核得分和审核评估考核得分两部分构成。具体计算办法：

$$二级单位 2024 年考核最终得分 = 年度目标任务考核得分 \times (1-Q) + 审核评估考核得分 \times Q$$

Q 为审核评估在二级单位 2024 年考核最终得分占比，其中：

（1）二级学院、牵头单位 $Q = 25\%$；

（2）成员单位 $Q = 15\%$；

（二）奖　惩

（1）设立"审核评估优秀单位奖"。根据考核得分，对在审核评估工作考核中排名前 3 名的二级学院、职能部门，授予"审核评估优秀单位奖"，学校发文进行表彰，同时进行奖励。

（2）设立"审核评估优秀个人奖"。各二级学院、各直属党支部按职工人数的 10% 推荐，报审核评估工作领导小组审定，授予"审核评估优秀个人奖"，学校发文进行表彰奖励。

（3）在年度目标任务考核中，对审核评估工作表现突出的个人，同等条件下推荐为优秀格次；对工作不到位，影响学校审核评估工作的单位和个人，取消优秀评选资格。

（4）对于审核评估工作中不作为、慢作为的单位和个人，由分管校领导或单位负责人进行工作谈话；对于没有切实履职履责、问题突出的个人，经所在二级单位核实有关情况，审核评估工作领导小组审定后，报纪检监察部门追责问责。

（5）本方案适用于 2024 年度目标任务考核和审核评估工作考核。

附件 1：职能部门本科教育教学审核评估工作目标任务考核指标体系；

附件 2：二级学院本科教育教学审核评估工作目标任务考核指标体系。

附件 1：

职能部门本科教育教学审核评估工作目标任务考核指标体系

一级指标	二级指标	评价要点	考核方式
质量保障（0.4）	自查整改（0.1）	1. 自查：工作不足找得准，台账有更新 2. 整改：整改措施可行，有落实，有实效	根据督导检查组对自查整改情况评价给分
	制度建设（0.08）	1. 制定或修订：根据新时期中央和省级管理部门（简称中省）新要求，针对本部门工作面临的实际问题，及时修订、制定管理文件，制度健全 2. 执行与效果：可操作性强，有落实，有实效	根据管理制度废改立的推进及完成情况进行分阶段评价给分
	审核评估培训工作（0.04）	培训交流：积极组织和参加审核评估相关培训，参加人次数多，及时进行交流分享与宣传报道	根据组织和参加审核评估培训情况评价给分
	审核评估人人说活动（0.04）	1. 活动组织：活动方案科学、详细、可行 2. 参与情况：各职能部门负责人或部门（服务本科教育教学情况） 3. 宣传报道：及时进行宣传报道	根据组织和参加审核评估人人说活动情况评价给分
	服务教育教学工作总结（0.04）	总结：审核评估要求理解到位，结合部门职责，对本部门服务教育教学工作总结全面，服务成效明显	督导检查组根据二级学院汇报情况评价给分
	重点特色项目（0.1）	1. 方案：有可行的实施方案 2. 实效：按计划有序推进，按进度完成各阶段任务	根据督导检查组对重点、特色项目牵头单位完成情况评价给分；牵头单位对成员单位评价给分
评估材料（0.4）	评估材料提交时间（0.1）	及时性：按时提交评估材料	评估中心根据审核评估各阶段自查整改工作要求提交评估材料的时间对各牵头单位进行评分；牵头单位对成员单位进行评分。提前或按时提交按满分计，迟交1天扣10分

续表

一级指标	二级指标	评价要点	考核方式
评估材料（0.4）	评估材料质量（0.3）	高质量：评估材料质量高	根据评估中心和督导检查组对牵头单位评估材料的质量进行评分；牵头单位根据评估材料的质量分别对成员单位进行评分
督导评估（0.2）	预评估（0.08）	1. 组织：积极配合预评估工作，材料、访谈等各项准备充分 2. 效果：熟知审核评估指标和本部门工作，能清楚回答专家循证问题，专家评价好 3. 整改：能根据专家意见给出整改方案，做好正式评估准备	根据评估专家意见反馈会的反馈意见，由评估中心进行评分
	正式审核评估（0.08）	1. 组织：积极配合评估工作，材料、访谈等各项准备充分 2. 效果：清楚回答专家循证问题，访谈中突出特色工作，对于短板有可行的改进谋划，专家评价好	根据评估专家意见反馈会的反馈意见，由评估中心进行评分
	随机督查（0.04）	1. 组织：认真准备各阶段督查资料和汇报 2. 质量：督查资料质量高，汇报内容反映出工作效果显著	督导检查组或评估中心根据随机督查情况评价给分
加分扣分	本科教育教学示范案例	级别：教学案例凝练质量高，入选各级案例库	推荐的教育教学示范案例入选校级本科教育教学示范案例库加3分。推荐的本科教育教学示范案例经评估专家认定为学校办学特色与亮点加5分
	宣传报道	宣传报道：工作经验和成效及时在网站、报刊、《教学简报》等校内外媒体上宣传报道	评估中心对各部门审核评估工作宣传报道进行评价给分，每条报道计1分，最高不超过10分

续表

一级指标	二级指标	评价要点	考核方式
加分扣分	奖惩情况	1. 奖励：组织学院工作人员积极为审核评估做贡献，工作表现突出，受到预评估专家、正式评估专家在反馈会议上表扬 2. 惩罚：思想认识不到位、工作不到位，受到预评估专家、正式评估专家在反馈会议上批评	预评估反馈会上受到评估专家表扬或批评的，经审核评估工作领导小组审定后，每次酌情加分或扣分1~3分。正式评估反馈会上受到评估专家表扬或批评的，经审核评估工作领导小组审定后，每次酌情加分或扣分2~4分。此项加分扣分项总计最高不超过10分

说明：每个二级指标的定性评价均按100分制进行评分，评分区间分优秀（90~100分）、良好（80~89分）、中等（70~79分）、合格（60~69分）、不合格（60分以下）5个等次。

附件2：

二级学院本科教育教学审核评估工作目标任务考核指标体系

一级指标	二级指标	评价要点	考核方式
质量保障（0.6）	制度建设（0.02）	1. 制定或修订：根据新时期中省新要求，针对本学院工作面临的实际问题，及时修订、制定管理文件，制度健全 2. 执行与效果：可操作性强，有落实，有实效	根据管理制度废改立的推进及完成情况进行分阶段评价给分
	课堂教学质量（0.06）	1. 课程思政：课堂教学中坚持正确政治方向，贯穿教书育人。落实课程思政要求，积极引导学生树立正确的世界观、人生观和价值观，注重学生理想信念和道德修养的培养。	根据校级教学督导、校领导听课评分

续表

一级指标	二级指标	评价要点	考核方式
质量保障（0.6）	课堂教学质量（0.06）	2. 教学内容：课程教学目标明确，体现"以学为中心、以教为主导"教学理念。教学内容围绕教学目标设计，内容充实新颖，反映学科前沿，具有高阶性、创新性和挑战度 3. 教学态度：教学准备充分，讲课精神饱满。注重为人师表，仪态大方，教风严谨。教学过程遵守新时代高校教师职业行为十项准则，无与教师身份不符的言行 4. 教学方法：讲述生动，层次分明，重点突出。信息技术与教学过程有机融合，教学方法和手段运用得当，支持学生的互动和参与，有效激发学生积极思维 5. 教学效果：学生学习态度认真，聚精会神听讲，师生互动，课堂气氛活跃，课堂育人效果好，教学目标达成度高	根据校级教学督导、校领导听课评分
	听课评课（0.02）	1. 听课次数：每人每学期听评课至少4次（其中学院领导班子成员听思政课≥2次），2023年入职的新进教师，每学期听课≥6次 2. 评价反馈：听评课打分客观，能够发现问题，及时反馈并跟踪整改成效，形成闭环管理机制	根据教学工作考核，按照实际完成的听课数量占学院督导、学院领导、系（教研室）主任和新进教师的应听课数量的比例与反馈意见的质量计分（对于某个人超额完成的部分不计入总数）
	教学巡查（0.02）	1. 巡查安排：有详细的巡查安排，责任到人 2. 落实与整改：有效落实学院每周巡查制度，记录内容规范详细，不流于形式，巡查有成效，及时发现问题，及时反馈整改。特别是要加大实践教学、公共选修课和课改项目质量的监控力度	根据教学工作考核，按照校级教学督导随机教学巡查结果和二级学院开展教学巡查情况评价给分

续表

一级指标	二级指标	评价要点	考核方式
质量保障（0.6）	人才培养方案及教学大纲（0.04）	1. 培养目标：能够说明学生毕业5年左右从业的专业领域、职业特征和所具备的职业能力，体现教育方针，符合学校定位，适应社会经济发展需求 2. 毕业要求：科学合理分解，合理制定毕业要求对培养目标的支撑矩阵 3. 课程体系：合理制定课程体系对毕业要求的支撑矩阵，各类课程占比符合专业国家质量标准和专业认证要求，实践学分占总学分的比例达标	根据督导检查组对人才培养方案及教学大纲完成情况评价给分
	课程考核（0.06）	1. 试卷命题：试卷命题符合课程教学大纲，注重能力考核，重点考核学生运用所学知识分析问题和解决问题的能力 2. 适应程度：试题难易度适中，符合学生情况。题型灵活多样，题量适当 3. 试卷评阅：参考答案与评分标准正确、合理，得分点细致明确。阅卷规范，依照参考答案与评分标准评阅，无统计分数、登录分数等错误 4. 过程性考核：考核方式有针对性，考核标准合理明确，考核结果具有区分度，材料完整 5. 达成分析：考核结果分析针对性强，对教学中存在的问题剖析深入，有明确的改进措施	根据督导检查组对课程考核材料自查整改完成情况评价给分
	毕业论文（设计）（0.06）	1. 选题：毕业论文（设计）选题来自教师专业实践、科研课题或以实验、实习、工程实践和社会调查等实践性工作为基础，选题符合专业培养目标，工作量适中，有一定的理论意义、实际应用价值 2. 论证：毕业论文（设计）论点明确、论据充分、论述有理、结构完整、格式规范	根据督导检查组对毕业论文（设计）材料自查整改完成情况评价给分

续表

一级指标	二级指标	评价要点	考核方式
质量保障（0.6）	毕业论文（设计）（0.06）	3. 指导：教师针对学生毕业论文（设计）中的问题进行有效指导，有明确的改进要求，记录详细、具体，材料完整、规范。答辩程序规范，问题明晰、记录完整准确 4. 成绩评定：标准明确、具体，成绩评定客观、公正 5. 材料：完整规范	根据督导检查组对毕业论文（设计）材料自查整改完成情况评价给分
	实践环节资料（0.06）	1. 符合大纲：教学活动、考核方式与内容符合大纲要求，注重考核学生实践活动的能力 2. 方案设计：注重实践过程管理与指导，有实践活动方案、评分标准和总结工作，材料完整充实 3. 成绩评定：严格依据评分标准评定成绩，考核成绩具有区分度 4. 达成评价：课程达成度分析报告（或试卷分析表）针对性强，对教学中存在的问题剖析深入，有明确的改进措施	根据督导检查组对实践环节资料自查整改完成情况评价给分
	"1+1+N"人才培养模式（0.02）	1. 材料：问题分析深入透彻，并对下一步工作提出有效措施 2. 成效：各专业与对接的政府部门、行业企业开展合作，成效显著	根据督导检查组对"1+1+N"人才培养模式情况评价给分
	学生管理材料（0.04）	1. 制度建设：坚持"以学生为中心"，在加强学风建设、加强学生综合素质培养、学院国际化发展战略规划、学生发展支持服务等方面的管理制度完善 2. 材料：学业导师、学生社团、社会实践、第二课堂、志愿服务、美育、劳育、创新创业教育等措施得当，落实有力，材料完整充实 3. 效果：育人效果好，佐证材料详实完整	根据督导检查组对学生管理材料自查整改完成情况评价给分

续表

一级指标	二级指标	评价要点	考核方式
质量保障（0.6）	教师发展材料（0.02）	1. 措施：有可行的促进教师发展制度或措施 2. 效果：教师发展制度或措施有落实，效果好 3. 材料：佐证教师发展成效材料翔实完整	根据督导检查组对教师发展材料自查整改完成情况评价给分
	达成情况评价（0.02）	1. 机制：根据学校达成评价文件，学院制定工作方案，建立三个达成评价机制 2. 材料：开展培养目标与毕业要求达成评价和合理性评价，形成4个评价报告	根据教学工作考核，按照二级学院开展培养目标与毕业要求达成评价和合理性评价情况进行给分
	专任教师磨课活动（0.02）	1. 参与度：专任教师全员参与，按照审核评估专家工作用表（2022版）中课堂教学评价标准打磨课堂教学设计 2. 宣传报道：及时进行宣传报道	督导检查组根据二级学院开展专任教师全员磨课情况和抽查教案情况评价给分
	审核评估培训工作（0.01）	培训交流：积极组织和参加审核评估相关培训，参加人次数多，及时进行交流分享与宣传报道	根据二级学院组织和参加审核评估培训情况评价给分
	审核评估人人说活动（0.02）	1. 活动组织：活动方案科学、详细、可行 2. 参与情况：院长书记说学院、系（教研室）主任/专业负责人说专业、授课教师说课程（大纲）、辅导员说学生 3. 宣传报道：及时进行宣传报道	根据二级学院组织和参加审核评估人人说活动情况评价给分
	审核评估迎评汇报（0.02）	汇报：审核评估理解全面，学院工作凝练到位，特色亮点鲜明	督导检查组根据二级学院汇报情况评价给分
	教风学风建设情况（0.02）	1. 活动组织：活动方案科学、详细、可行，有针对性开展教学、学风建设活动，活动内容、形式多样 2. 宣传报道：及时进行宣传报道	督导检查组根据二级学院开展教风学风建设工作情况评价给分
	教师教学体验和学生学习体验满意度（0.02）	1. 调研：开展学院教师教学体验满意度和学生学习体验满意度问卷调查 2. 报告：形成调研报告，对发现的问题给出改进建议	教务处、学工部根据二级学院师生参与问卷调查情况进行评分

续表

一级指标	二级指标	评价要点	考核方式
质量保障（0.6）	学院文化氛围（0.01）	氛围营造：根据审核评估、专业认证宣传需要，结合学院及专业特点设计适合的质量文化宣传物质载体，营造质量文化氛围	根据督导检查组现场检查评价给分
	重点特色项目（0.02）	1. 方案：有可行的实施方案 2. 实效：按计划有序推进，按进度完成各阶段任务	根据督导检查组对重点特色项目建设完成情况进行评价给分
	体美劳教育（0.02）	1. 材料：材料归档齐全，制度完善，过程性材料翔实、丰富 2. 成效：课程改革措施得当，成效显著，问题分析深入透彻，并对下一步工作提出有效措施	根据督导检查组对体美劳教育开展情况进行评价给分
评估材料（0.3）	评估材料提交时间（0.1）	及时性：按时提交评估材料	评估中心根据审核评估各阶段自查整改工作要求提交评估材料的时间对各二级学院进行评分。提前或按时提交按满分计，迟交1天扣10分
	评估材料质量（0.2）	高质量：评估材料质量高	根据评估中心和督导检查组对各二级学院评估材料的质量进行评分
督导评估（0.1）	预评估（0.04）	1. 组织：积极配合预评估工作，材料、访谈等各项准备充分 2. 效果：熟知审核评估指标和本学院工作，能清楚回答专家循证问题，专家评价好 3. 整改：能根据专家意见给出整改方案，做好正式评估准备	根据评估专家意见反馈会的反馈意见，由评估中心进行评分
	正式审核评估（0.04）	1. 组织：积极配合评估工作，材料、访谈等各项准备充分 2. 效果：清楚回答专家循证问题，访谈中突出本学院特色育人工作，对于短板有可行的改进谋划，专家评价好	根据评估专家意见反馈会的反馈意见，由评估中心进行评分
	随机督查（0.02）	1. 组织：认真准备各阶段督查资料和汇报 2. 质量：督查资料质量高，汇报内容反映出工作效果显著	督导检查组或评估中心根据随机督查情况评价给分

续表

一级指标	二级指标	评价要点	考核方式
加分扣分	本科教育教学示范案例	级别：教学案例凝练质量高，入选各级案例库	推荐的教育教学示范案例入选校级本科教育教学示范案例库加3分。推荐的本科教育教学示范案例经评估专家认定为学校办学特色与亮点加5分
	宣传报道	宣传报道：工作经验和成效及时在网站、报刊、《教学简报》等校内外媒体上宣传报道	评估中心对各二级学院审核评估工作宣传报道进行评价给分，每条报道计1分，最高不超过10分
	奖惩情况	1. 奖励：组织学院工作人员积极为审核评估做贡献，工作表现突出，受到预评估专家、正式评估专家在反馈会议上表扬 2. 惩罚：思想认识不到位、工作不到位，受到预评估专家、正式评估专家在反馈会议上批评	预评估反馈会上受到评估专家表扬或批评的，经审核评估工作领导小组审定后，每次酌情加分或扣分1~3分。正式评估反馈会上受到评估专家表扬或批评的，经审核评估工作领导小组审定后，每次酌情加分或扣分2~4分。此项加分扣分项总计最高不超过10分

说明：每个二级指标的定性评价均按100分制进行评分，评分区间分优秀（90~100分）、良好（80~89分）、中等（70~79分）、合格（60~69分）、不合格（60分以下）5个等次。

第五节 审核评估成效

质量文化建设是提升学校整体质量水平的关键因素。通过审核评估自评,对质量文化建设的成效进行剖析,有助于发现优势与不足,持续推进质量文化的深化与发展。

一、质量文化建设成效

(一)质量文化理念深入人心

学校坚持"育人为本、德育为先、能力为重、全面发展"质量观,将质量意识和质量自觉贯穿人才培养全过程,形成"领导重视教学、学科支撑教学、科研促进教学、管理服务教学、后勤保障教学、教师潜心教学、学生勤奋向学"的质量文化氛围。坚持将立德树人成效作为检验一切工作的根本标准,将质量文化建设作为主要工作任务,努力构建以提高人才培养水平为核心的质量文化,形成"乐学善教、追求卓越"的质量文化理念,将质量文化内化为全体师生的共同价值追求。安康学院质量文化建设示意图如图 5-1 所示。

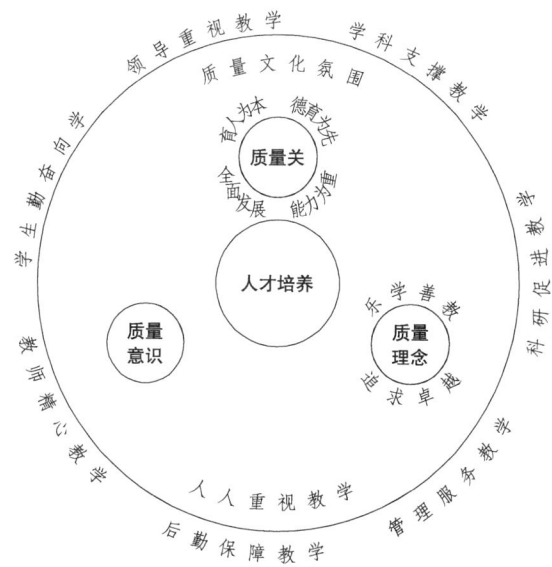

图 5-1 安康学院质量文化建设示意图

（二）制度与标准更加完备

事事有标准，将质量意识深植每位师生心中。制定《安康学院本科教学各主要环节质量标准》《安康学院教学工作检查制度》《安康学院教学事故认定与处理办法》等制度，将质量意识、质量标准、评价与改进、质量管理等落实到本科教育教学各环节，促进广大师生员工树立质量精神、质量目标和质量形象，依据质量标准和质量制度实施教育教学各项活动，追求理性反思、自我评价、自我改进；各教学单位、职能部门严格依据质量标准和质量制度实施管理和评价工作，重视自我检查、主动改进。

（三）师生激励机制更加完善

处处树榜样，以质量标杆激励师生追求卓越。学校定期开展教师岗前培训和师德师风建设活动，涌现出一批省级"黄大年式团队""师德标兵""五一巾帼标兵"等先进典型。开展思政课"大练兵"在线观摩等活动，提升思政课教学能力。通过文化墙、文化展板，宣传优秀学生与校友，营造质量文化氛围，引导学生加强自我规范，形成自强不息、追求卓越的良好风气。学生综合素质、学业成绩、升学率持续提升，广大毕业生用实际行动传承与践行安康学院精神，受到用人单位好评。

（四）职能部门服务教育教学意识得到强化

围绕审核评估指标，各职能部门开展了审核评估"人人说"活动，全面梳理工作举措，总结得失，工作思路更加清晰，服务教育教学的意识显著增强，教学中心地位进一步巩固。

1. 服务本科人才培养的定位进一步明确

积极探索以高水平科研成果促进教学质量提升的有效路径，指导学生接触前沿科研资讯、参与科研训练，调动学生的主动性、积极性和创造性，激发学生的创新精神和科研能力，提高教师教学能力和学生创新意识，成效良好。积极引导二级学院与广大教师树立科研服务教学、科研反哺教学的意识，将科研方法、科学思维融入教学设计，提升人才培养质量；促进科研成果转化为教学资源、教学内容，增强教学内容的学术性和前沿性，提升教学的学术品位，提高课程教学质量（科研处服务定位）。

坚持"立德树人"根本任务，围绕学校"五位一体"思政工作大格局，坚持"以学生为中心"，以"教育育人、管理育人、服务育人"为宗旨，五育融合，优化创新管理服务，培养"诚朴务实、自立自强"的应用型人才（学工部服务定位）。

以"围绕中心，服务大局，凝心聚力，服务职工"为工作宗旨，全面贯彻学校党委工作部署，坚持依法治校、依法办学，积极推进民主政治建设，全面贯彻落实"以教师为中心"的工作理念，为促进学校事业发展做出工会贡献（工会服务定位）。

开拓学校社会合作渠道，促进校地校企共建产教融合基地，为学校应用型人才培养提供支持；与（国）境外高校合作交流，为学生提供（国）境外实践及留学服务与管理；做好校友管理与服务，通过校友信息及建议收集，反馈于教育教学，促进人才培养质量的不断提高（合作发展处服务定位）。

充分发挥在学校人才培养、科学研究、社会服务和文化传承创新中的作用，始终坚持"以人为本、读者至上、文化育人"的服务理念，落实立德树人根本任务，助力学生成长成才，认真履行文献信息资源保障和服务职能，为学校教学、科研提供全方位、多层次、高质量的文献信息服务（图书馆服务定位）。

就连审计处也提出"保障资金使用效能，服务本科人才培养"的服务定位；继续教育学院也提到"拓宽校地合作渠道，融通职前职后人才培养"的服务宗旨。这些过去在本科人才培养中存在感较低的部门，也在深入思考我能为本科人才培养这一中心任务做些什么和怎样做好的问题。

2. 思路更清，举措更实

构建"一体两翼"学生成长教育路径：以学生成长为主体，价值引领和学业引航为两翼，培养学生德智体美劳全面发展。"一体"是指：构建学生成长为主体的工作体系，服务学生发展。"两翼"是指：强化教育管理工作内涵建设，聚焦价值引领；健全学风建设系统工程，突出学业引航（学工部工作思路）。

按照"1235"工作布局:"1"即以学校中心工作为重点、以"立德树人"为根本任务、以学生第二课堂成绩单为核心的三个 1;"2"即立足于学生思想引领和成长成才服务的两大任务;"3"即形成校团委、院系团总支、班团支部和团组织、学生会、学生社团两个三级联动的工作运行机制;"5"大工程:青春导航、青春榜样、青春同行、青春校园,青春奋斗的青春成长育人体系。围绕四个聚焦(聚焦思想领航,在德育上持续用力;聚焦专业提升,在课程实践上凝聚合力;聚焦体艺并进,在文化上精准发力;聚焦志愿服务,在劳动实践上激发动力),助力人才培养工作走深走实(团委工作思路)。

围绕学生学习、教师教学、学校治理、教育创新,完善智慧教育基础设施建设,推进数字校园建设,加强数字资源建设应用、师生信息化素养提升和网络安全责任落实,持续推动学校教育数字化转型,赋能学校高质量发展(信息中心工作思路)。

充分发挥教职工参与学校民主管理积极作用,为学校本科教育教学高质量发展凝聚力量;强化思想引领,凝聚推进学校改革发展正能量,积极服务教职工,为教师成长贡献工会力量;强化"以教师为本"的工作理念,切实为教职工办实事、办好事;关注教职工身心健康、积极开展职工文体活动(工会工作举措)。

强化政治监督,把准办学方向;融入全员育人,进一步强化师德师风建设;贯穿全过程育人,进一步优化教学管理与服务;拓展全方位育人,进一步促进校园文化与环境建设;强化建章立制,进一步推动长效机制建设;强化反馈与整改,进一步推动巡察整改落地见效(巡察办工作举措)。

强化质量共同体意识,深化学历继续教育内涵建设;依托高水平教师培训项目,助推我校师范生人才培养;搭建我校教师与基础教育名家名师、骨干教师的学习交流平台,提升教育教学水平;加强校地合作,助力招生就业工作;主动服务安康乡村人才振兴,彰显地方高校办学特色(继续教育学院工作举措)。

研究政策,积极争取中省资金支持,改善学校教育教学条件;积极开拓校地校企合作,共建人才培养实践教育基地;加强国际交流与合作,扩宽人才培养的渠道;服务跟踪校友发展,反馈教育教学提高人才培养质量(合作发展处工作举措)。

可以说，审核评估将过去联系不那么紧密的各职能部门，牢牢凝聚在应用型人才培养这一中心工作上，将过去零散的工作形成思路清晰的条线，将若干部门的关联工作凝结成工作体系，各部门既对自己负责的部分负责，也对整体的工作质量负责，质量共同体意识初步形成。

（五）人才培养顶层设计更加清晰

1. 大学生思想政治教育"八大工程"

（1）指导思想。坚持以习近平新时代中国特色社会主义思想为指导，全面贯彻党的教育方针，落实立德树人根本任务，以社会主义核心价值观为引领，以理想信念教育为核心，着力提升学生理想信念和品德修养。

（2）工作思路。按照学校构建"理论武装—课堂教学—社会实践—校园文化—日常教育管理服务"思想政治教育大格局要求，全面实施"思想价值引领、教学质量提升、创新实践育人、先进文化涵养、网络思政培育、学风建设强化、精准帮扶助力、文明养成教育"大学生思想政治工作"八大工程"（见图5-2）。

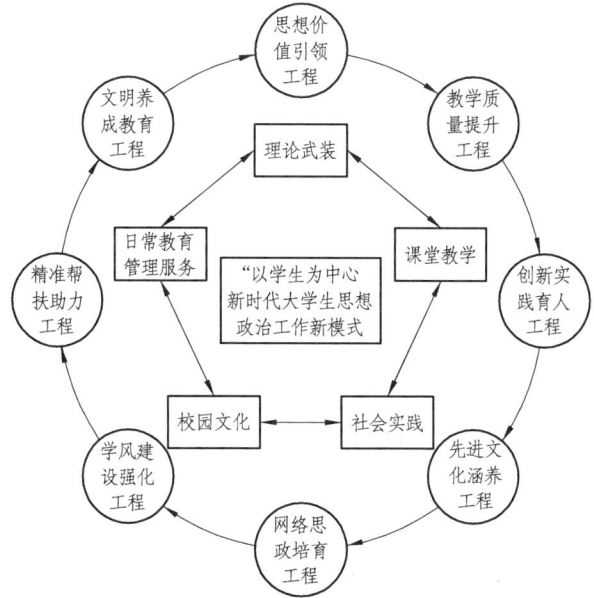

图 5-2 新时代大学生思想政治工作新模式

（3）工作目标。构建"价值引领、课堂教学、社会实践、校园文化、平台建设"为一体的新时代大学生思想政治工作新模式，努力培养德智体美劳全面发展的社会主义建设者和接班人。

（4）工作路径。

① 坚持立德树人，突出价值引领。整合学校大学生思想政治工作的育人资源，推动知识传授、能力培养与理想信念、价值理念、道德观念的教育有机结合，推进社会主义核心价值观教育工作常态化、规范化。

一是以推进"规范化党支部及示范点创建"工作为抓手，开展"亮身份、树形象、做表率"活动，发挥党员先锋示范作用，强化学生党支部在教育管理学生党员和引导凝聚广大学生的主体作用，切实将学生党支部建设成为开展大学生思想政治工作的坚强战斗堡垒。各二级学院结合"党建+X""五联五做"，逐步形成了各自特色的"党员+"活动，学生党员教育培养与班团干部培训、文明班级宿舍建设、社会实践志愿等学生活动深入融合。

二是强化"青年马克思主义者培养工程"，加强基层团组织建设，增强团的凝聚力和战斗力，不断推进团员青年思想引领工作。抓好"青马工程"培训，从理论学习、互动课堂、社会实践、廉政教育、素质拓展、交流研讨六个层面，加强学生干部骨干培养。

三是发挥榜样的示范和激励作用。开展优秀学生表彰大会，表彰在刻苦学习、团结奋进、勇于创新、勤勉励志、服务社会、文化传承等方面表现突出的学生及集体代表，积极引领青年学生争做"六有"大学生。

四是持续做好"四进四信"活动和主题教育，将"四进四信"贯穿于思想引领的各项工作之中。结合重要时间节点，利用主题团日、讲座、研讨、辩论、社会实践等多种方式，开展线上线下主题活动。

② 坚持学生为本，勇于改革创新。遵循思政工作规律、教育教学规律和学生发展规律，优化内容供给，创新工作载体，改进工作方法，激活大学生思政工作内生动力。

一是发挥思政课"主渠道、主阵地"功能，统筹推进课程思政建设，落实习近平新时代中国特色社会主义思想进教材、进课堂、进学生头脑。

全面开好"习近平新时代中国特色社会主义思想概论"课，深入推动习近平新时代中国特色社会主义思想"五进"工作。与各类课程固有的知识、技能传授有机融合，将理想信念教育融入教学全过程和各环节，将知识传授和价值塑造有效结合，筑牢学生理想信念根基。

二是推进思想政治理论课改革创新，着力培育思想政治理论课名师、思想政治理论课团队，切实提升学生对思政课的获得感和满意度。成立课程思政教学研究示范中心，完成《中国近现代史纲要》虚拟仿真平台2期建设。设立思政课型教师职称评审类别，出台符合思政课教师岗位特点的思政课教师型晋升高级职务任职资格条件，制定《安康学院专业技术职务评审思想政治理论课教师型岗位职责考核评价办法（试行）》，邀请地方中小学思政学科专家担任兼职思政课教师。

三是依托"易班""大学生在线"等新媒体平台，整合网上教育教学资源，丰富网络内容，制作传播贴近学生特点的新媒体产品，创新开展网络思想政治教育工作。

③ 坚持问题导向，注重精准施策。聚焦立德树人根本任务，关注重点学生群体，解决突出问题，攻坚薄弱环节，强化优势、补齐短板，构建全方位学生发展服务体系，不断增强学生的获得感。

一是构建课内外一体化育人模式，实现教育"第一课堂"与"第二课堂"无缝衔接。建成了"3.8.20"第二课堂课程体系，建立《安康学院第二课堂课程项目库》，将"思想成长""社会实践""志愿公益""经典阅读"等纳入"第二课堂成绩单"，"第一课堂"与"第二课堂"无缝衔接，校内课堂实践与寒暑假社会大实践相结合。

二是加强思想政治理论课实习基地等实践基地建设，积极开拓新的社会实践基地，推进学生社会实践与学术创新的转化结合。构建了"敬老院慈善志愿者服务""诚信互助银行"等常态化、普及化、品牌化志愿服务体系，在安康市平利县老县镇设立"安康学院政治理论研学实践基地""安康学院大学生生态文明教育基地"，在安康博物馆设立安康学院思政课实践基地。

三是深入开展大学生暑期"三下乡"、社会调查等社会实践活动，培育一批专业程度高、示范作用强、社会影响大的品牌实践项目。充分发挥学院人才和专业优势，按照"突出重点、人人参与、点面结合、提升专业"原则，结合地方需要开展了"凝聚青春力量、绘就美丽乡村""了解历史文化、讲好中国故事"等各类社会实践项目。

四是积极开展志愿服务活动，制定《安康学院大学生志愿服务管理办法》，实施学生志愿服务评价认证制度。持续建设"星火支教队""筑梦支教队"爱心支教品牌，开展"关爱特殊儿童"主题云志愿活动。

五是挖掘当地文化教育资源，推进"一院一品"校园文化建设。加大中华优秀文化系列选修课开设力度，开展传统经典、家训品读和红色文化教育系列活动，起草《"一院一品"文化品牌管理办法》，补充认定一项文化品牌，深入推进"一院一品"文化内涵建设，实现全校13个二级学院品牌文化全覆盖，构建起对接院系特色、时代特征、青年特点的校园文化品牌矩阵。以"四节五会五赛"为统揽，与专业紧密结合，积极开展健康文化节、科技文化节、社团文化节、艺术文化节。

六是建立健全教风与学风建设联动机制、学业警示和帮扶机制、学风评价监测机制。制定《安康学院关于进一步加强学风建设的方案》，出台和完善领导干部听课、教学督导、学生评教、学生教学信息员、课堂管理、考级考风监督等制度，形成了校风、教风、学风齐抓共管局面。

④ 坚持协同联动，凝聚育人合力。建立健全校级、处级领导干部深入基层联系学生制度，完善学校党委统一领导、职能部门和二级学院分工负责、全员协同参与的大学生思想政治工作责任体系，推动形成育人合力。

一是实行学校领导联系二级学院、教师联系学生工作机制。领导通过走访学生宿舍、学生座谈会等形式，深入学生中去，参与党团学组织活动。执行二级学院领导听思政课、讲党课讲团课工作机制，掌握学生学习和思想状态，走近学生，关心学生。出台《安康学院学业导师实施办法（试行）》，遴选专业课教师全程指导学生成长和发展。将兼职辅导员工作经历作为青年教师申报高一级职称的评审条件之一。教师担当学生党员发展培养人，参与困难学生就业帮扶，选聘有专业资质的教师担任兼职心理咨询师，聘请专业教师担任学生社团指导老师，教师参与育人全过程。

二是健全育人服务体系，把师德引领、心理教育、奖励帮扶等融入大学生思想政治教育工作的各个方面。打造优秀教师团队赋能学生价值观教育，以"教风"带"学风"。构建"教育教学、咨询服务、实践活动、危机干预、平台保障""五位一体"的心理健康教育工作格局，启动"百千万工程"，投入一百万元资金，培育一千名学生朋辈骨干，使一万名学生受益，建成"陕西普通高校心理健康教育与咨询标准化中心"，塑造学生良好的心理和意志品质。

2. 学风建设"五大工程"

（1）建设理念与思路。我校学风建设工作坚持"以学生为中心"的理念，按照"重心下移、标本兼治、整体规划、协同育人"的工作思路，发挥各二级学院主体作用，着力构建符合高等教育发展规律和适应学校人才培养要求的学风建设体系，为培养德智体美劳全面发展的社会主义建设者和接班人奠定坚实基础。

（2）工作举措。

① 加强思想政治教育工程，以思想教育引领学风。

一是出台《关于进一步加强学风建设工作的实施方案》，制定《中共安康学院委员会关于进一步加强思想政治教育工作的实施意见》，将学生思想政治教育与学风建设相结合，把社会主义核心价值观教育、社会责任感教育融入人才培养全过程，引导青年大学生树立远大理想，热爱伟大祖国，担当时代重任，勇于砥砺奋斗，练就过硬本领，锤炼品德修为。用习近平新时代中国特色社会主义思想指引学生明确学习目标，端正学习态度，不断激发学习热情和成才意识，变"要我学"为"我要学"。

二是积极开展学风建设调研，精准把握学生思想状态。常年坚持深入学生一线，持续开展学风调研，召开考研动员会、学风座谈会，开展学生思想动态调研等，掌握学生在学习上、思想上和生活上存在哪些"难点、堵点、盲点"，及时回应学生的所思、所想、所需，做到"学生在哪里，学生工作就延伸到哪里"。

三是做实新生入学教育，引导学生做好自我规划。积极邀请知名专家、教授、学科带头人和行业精英进校开展专业交流和讲座，帮助新生提升专业认知水平，做好适应性教育和成长规划教育，充分利用就业指导等课程指导学生，帮助学生树立职业发展目标，做好其职业生涯规划，赋能学习内生动力。

四是丰富社会实践科技活动，激发学生学习兴趣。以学校暑期"三下乡"社会实践、"互联网＋""挑战杯""大创"等比赛为契机，以赛促学，鼓励学生积极投身乡村振兴，创新创业实践，引导学生开展自主学习研究，培养科研兴趣。

② 实施教学质量提升工程，以教学促学风。

一是实施教学改革，提升教学质量。认真落实教育部《关于加快建设高水平本科教育，全面提高人才培养能力的意见》，出台《安康学院课堂教学规范》《安康学院教学质量保障与监控体系建设与运行实施办法》《师范生教育教学能力考核办法》《安康学院教学团队管理办法》等多项有利于保障教学的规章制度，健全教学质量提升的制度保障。

二是提升课程思政的建设力度，强化教师育人职责。强化专任教师的课程思政意识，形成专业课教学与思想政治教育紧密结合、同向同行的育人格局。要求各党政领导、系主任和辅导员要加大听课、看课、查课频率和力度，及时发现问题，督促课堂教学质量提升，将二级学院班子成员进班级听课纳入学院教学考核。

三要明确教师是课堂管理的第一责任人，任课教师要自觉履行起课堂秩序的管理工作，对于旷课和违反课堂秩序的行为的学生，任课教师要根据有关规定予以处理，引导学生养成良好的课堂行为习惯。

③ 开展榜样示范工程，以创建带动学风。

一是开展优秀班级和个人评奖评优工作。开展国家奖学金、国家励志奖学金、学校奖学金、三好学生、优秀学生干部、优秀毕业生等各类评选活动。

二是开展"文明班级""文明宿舍"评选活动，充分调动学生学习积极性和集体荣誉感，引导学生开展自我教育，激励学生刻苦学习，营造良好学习氛围。发挥集体荣誉在校园文化建设、学风建设、互帮互助、评奖评优、示范引领等方面的引领作用,激励学生。

三是开展先进典型宣传推介活动。加大先进典型宣传力度,线上线下广泛宣传先进集体和个人事迹,学校通过校园媒体进行全方位宣传,举办优秀学生成长故事分享会、主题班会、座谈会等,让身边的人讲述身边的事,让身边的事教育身边的人,为学生成长成才提供指导与启迪。

四是发挥学生党员作用,在思想表率、榜样示范、组织凝聚等方面做好示范,形成党建促学风建设的良好局面。

④ 开展行为养成工程,以管理保障学风。

一是推进学生工作特色品牌创建活动。各学院结合专业特色、学科特色和学生特点,开展学生工作品牌创建活动,打造一些能复制、可推广的学生工作精品项目,提升学风建设工作的专业化水平。

二是落实"两早一晚"和日常打卡制度。积极引导学生早起早锻炼、晨读和晚自习;落实日常打卡和外出请假报备制度,帮助学生养成良好的行为习惯,学生安全教育得到了有效保障。

三是开展诚信教育,严肃考风考纪。以主题班会、专题讲座和个人自学等形式对《安康学院学生手册》进行学习,使学生知晓红线、明确底线。开展考前动员签署《诚信考试承诺书》,强化学生的诚信与自律意识,营造公平公正的考场氛围,创造良好的考风考纪,共同坚守诚信的道德底线。

四是加快建设"一站式"学生服务社区,整合学工、管理和教师各方力量,全面保障学生成长成才。

⑤ 开展学业帮扶工程,以帮扶培育学风。

一是完善学业预警及家校联系机制。根据学生思想动态、学业表现、心理状况等表现,建立学生学情档案,形成学业预警制度。

二是发挥学业导师和朋辈互助作用。完善本科生导师制,发挥导师在育人上的积极作用,实现在思想上引导学生、学业上帮助学生、生活上关心学生。发挥朋辈互助作用,发挥党员学生、学生干部和班级尖子生"领头羊"作用,切实帮助学业困难学生找原因、明目标,掌握方法,树立自信。

三是开展特殊群体学业援助。强化对五类特殊大学生群体(少数民族学生、家庭经济困难学生、学业困难学生、心理异常学生及其他重点关注学生）的教育引导和管理帮扶，落实对学业困难学生的"一对一"帮扶措施，坚持解决思想问题与解决实际问题相结合，为其学业发展修筑可靠根基。

3. "敬业守正 严谨善导"的教风建设品牌

（1）建设目标。安康学院秉承"敬业守正 严谨善导"的教风，以本科教育教学审核评估为契机，建立教风建设长效机制，全面推进优良教风建设，营造良好的育人氛围，提升应用型人才培养质量。

（2）建设举措。

① 深化师德师风建设，引领教风。

一是健全工作机制。设立党委教师工作部，成立师德师风建设工作领导小组，全面加强师德师风建设工作。出台《安康学院关于进一步加强和改进师德师风建设实施办法》《安康学院教师师德考评工作实施办法》《安康学院教师师德失范行为处理办法》等文件，形成党委领导下、党政齐抓共管、二级单位协同联动，教师自我约束的师德师风建设工作机制。

二是强化师德教育。把师德师风教育作为加强教师职业素养"第一课"，组织教师学习《高等学校教师职业道德规范》《新时代高校教师职业行为十项准则》等内容。制定师德师风建设专题方案，把师德师风教育纳入新进教师岗前培训、工作会议、专题培训等学习范畴。

三是注重示范引领。开展师德建设先进集体、师德先进个人、优秀教师、优秀教育工作者、从事教育工作30年特别荣誉等评选工作，增强全体教师"立德树人"的幸福感和荣誉感。通过校园宣传栏、校园官网、广播、报刊等方式宣传先进典型，用身边人、身边事诠释师德风范，激励广大教师自觉遵守道德规范，争当师德模范，树立高校教师良好的职业形象。

② 提升教学能力促进教风。为夯实优良教风基础，学院实施专任教师教学能力提升系列计划，多方位提高教师教学能力，打造高效课堂。

一是构建全职业生涯培训体系。出台《安康学院关于进一步推进教师发展工作的实施意见（试行）》，构建了一套基于职前培养情况与入职教育、职后培训相衔接的教师发展体系，协同教务处、人事处、科研处、师范生技能训练中心等职能部门，凝聚二级学院的课题组、教研室、工作坊等教学基层组织力量，协同并进为教师发展提供支持。

二是强化教学培训交流。开展新进教师教学基本功岗前培训、教师课堂教学能力培训，专业素养与教育教学能力提升培训，组织院校两级"课改沙龙""课堂教学创新大赛观摩"活动；发布部分高校教师教学竞赛引导目录，搭建"院赛—校赛—省赛—国赛"四级教学创新竞赛体系，常态化开展教师教学创新大赛、课程思政教学竞赛等各类校级教学竞赛活动，提升教师业务能力。

三是提升教师数字素养。党的二十大报告明确提出要"推进教育数字化"，教师作为教育数字化转型的核心要素，要把提升数字素养作为加强自身建设的重要课题，推进数字技术与教育教学深度融合。学校不断完善智慧校园建设，优化学校信息教学环境。与雨课堂技术合作助力教师现代信息技术与教学深度融合，实现录播功能型教室全覆盖；常态化组织开展智慧教室使用、录播系统、混合式教学平台应用，微课制作等信息化教育环境应用技能培训，将信息化和数字化融入传统教育教学全过程。

③ 加大日常教学质量监控规范教风。

一是加强教学管理，开展教学检查。严格落实校院两级教学秩序巡查制度，校级层面每月开展一次教学巡查，院级层面每周开展一次教学秩序巡查。学校领导和职能部门通过课堂听课、深入基层调研、召开师生座谈会等方式，全面了解学校教育教学状况与存在的问题。通过期中教学检查，对课程考核材料、实践环节材料、毕业论文等开展专项督导调研，查找问题，提出整改建议，督促整改落实。

二是加强日常监控，开展教学指导。坚持领导干部、教学管理人员听课制度，进一步完善教学督导和学生教学信息员制度。定期开展网上评教（包括教师自评与互评、教师评学生、学生评教师与教材），将评教结果作为教师教学质量的重要依据之一。开展二级学院年度教学任务考核，将二级学院考核报告及时反馈给各二级学院，要求重要问题纳入二级学院教学问题整改销号台账，在下一轮考核时检查整改实效。形成"评价—反馈—改进—跟踪"的闭环管理机制，以评促改，以评促强。

三是树牢质量意识，持续改进工作。加强教学改进工作管理，强化二级学院管理主体责任，将教学质量持续改进落实到专业、课程和教师。认真做好问题的查找、原因分析、整改措施、整改验收等环节。同时，各学院依据校级督导团队反馈给各学院教学问题整改台账，针对存在的问题，制定整改措施，并向学校汇报阶段性整改成果。

④ 完善教育教学评价体系保障教风。出台《安康学院本科教育教学质量评价与持续改进工作实施办法》，充分发挥教学质量评价的指挥棒作用，凡在质量监控与评价过程中发现的明显问题，必须有针对性地提出改进措施，纳入教学问题整改销号台账，并在之后的教学过程中持续跟踪其效果，形成"运行－评价－反馈－改进－再评价"的闭环管理；出台《安康学院关于进一步规范形成性评价工作的意见》，结合专业特点、课程类型，将评价过程贯穿到课程教学全过程，以评促教、以评促学、以评促改，推动教学手段与方法的改革创新，提高人才培养质量；出台《安康学院评教实施办法（修订）》，完善领导与督导评价、同行评价和学生评价制度，对评教结果为"差"的教师，院系要重点帮扶，如一学年内无明显改进，将取消其授课资格；把师德师风作为评价教师队伍素质的第一标准，课堂教学中发表、传播不当言论，存在思想政治和师德师风问题的任课教师，评教等级确定为"差"；出台《安康学院教学事故认定与处理办法（修订）》，严肃处理教学过程中发现的问题并及时通报，保证正常的教学秩序，营造良好的育人环境，提高教育教学质量。

⑤ 加强人才队伍建设涵养教风。紧紧围绕本科教育教学中心地位，大力推进"人才强校"战略，通过精准施策引才、搭建平台育才、科学评价留才等举措为学校事业高质量发展提供有力支撑。

一是做好人才引进工作。按照"引育并举、刚柔结合"的原则，加强人才引进工作。制定《安康学院人员招聘工作实施办法（修订）》《安康学院高层次人才引进工作实施办法（修订）》《安康学院博士分类标准及待遇实施细则（修订）》《安康学院全职聘用制博士（博士后）引进及管理暂行办法（试行）》等十余项人才引进相关制度，进一步加强对人才工作的统筹协调、组织实施和资源保障。

二是坚持育用并重。依托省级重点实验室、优势学科、一流专业与课程建设点等平台,选拔有发展潜力、有创新能力的人才进行重点培养;深化人才发展体制机制改革,破除束缚人才发展体制机制障碍,建立梯次更为清晰合理、衔接更加有序的人才发展通道,让人才各得其所,尽展其长。

三是深化教师评价改革。深入落实《深化新时代教育评价改革总体方案》部署要求,遵循"师德为先、质量导向、分类评价、全面考核、择优晋升"的原则,坚持以品德、能力和业绩为导向,持续探索推进教师评价改革,通过不断深化职称评审、年度考核、聘期考核等制度改革,突出教学质量导向,重育人、重实绩,激发教师的教学进取心和事业心,提升教师对"三尺讲台"的敬畏之心。

二、质量文化建设存在的问题、原因分析及下一步整改举措

(一)教学质量评价改进机制有待进一步完善

1. 问题表现

二级学院对教学大纲审核、课程考核命题审核、课程目标达成评价合理性审核等过程性审核把关不够严格;对教学过程中发现的问题,主要通过教学问题反馈单进行反馈,并向有关职能部门和二级学院提出具体整改意见和整改要求,但对整改落实和整改效果的跟踪、监督不够及时。

2. 原因分析

一是个别二级学院和部门质量意识还不够强,对质量标准把握不够准确,持续改进缺乏锲而不舍、一抓到底的韧劲。

二是教学质量评价、跟踪与持续改进涵盖本科教育教学过程中的各个环节,涉及不同的评价主体,往往由不同部门组织实施,各部门协同配合不够紧密,各项教学检查缺乏统筹,往往集中在较短的时间内,安排到系主任或者专业负责人等少数几个人头上,使得很难按照标准认真审核,造成把关不严现象偶有发生。

三是传统线下的质量监控手段效率不高,教学质量改进的激励约束机制执行不到位。

3. 整改举措

一是加强宣传与培训，尤其要培训教学巡查人员，适当扩充教学检查人员队伍，让更多人理解质量检查的重要意义，树立质量意识和持续改进的质量观，熟悉质量标准，从而自觉践行质量标准。

二是健全教学质量监控评价和持续改进长效机制，进一步明确各部门工作职责，强化质量责任主体意识，重视统筹协调，着力构建全校上下联动、部门协同的全员、全过程、全方位质量保障机制，确保持续改进取得实效，促进教学质量不断提高。

三是借助教学质量检测与保障信息化平台提高信息传输效率，采取线上＋线下的信息反馈方式。对教学过程中发现的问题要及时反馈，相关部门和二级学院迅速给出改进方案，并持续上报整改结果或进度，教学管理部门和质量监控部门对整改情况和整改效果予以持续跟踪监督，形成闭环。严格执行教学质量改进的激励和问责制度，将整改工作落实情况和实施效果与评优评先、绩效分配挂钩，确保问题及时整改到位。

（二）教育教学质量文化建设尚需进一步加强

1. 问题表现

学校"自查、自纠"的质量文化初步形成，距离"五自"要求还有一定差距，质量文化还未完全内化为师生的共同价值追求，还未真正从制度约束内化为行动自觉。

2. 原因分析

一是对外部评价文化的依赖带来内部质量文化的相对薄弱。在专业认证、教学评估等外部质量控制下形成的外适型质量文化，使本科教育教学质量得到很大提升。但内部质量保障体系建设很大程度上受到外部评估的推动，这种以适应外部需求为目的的外适型质量文化造成学校对外部管理有着"路径依赖"，缺乏对质量本身的价值、信仰、期望等内在意识的深度探索，影响了学校自主质量文化意识的提高。

二是制度文化建设中更加重视质量评价"硬"指标，忽视质量文化"软"

因素。当前质量管理模式偏重科层式管理,注重质量标准的规范化和制度化,注重对师生可见的具体绩效进行考评,有效提高了管理效率,但人文关怀的凸显还不够,忽略了工作满意度、幸福感和成就感等积极情感体验方面的"软性"文化要素,使得部分师生机械地完成任务,未从制度约束内化为行动自觉[①]。

三是质量文化宣传不够深入,氛围不够浓厚。质量文化的核心是塑造质量意识和以质量提升为前提的自觉行为,其本质是学校在长期教育实践过程中所形成的带有明显个性特点的校园文化。当前学校对于质量文化的宣传力度不够,相关研讨活动相对较少,造成多数师生员工对质量文化内涵的理解不够深入,在参与质量建设中的认同感、凝聚力和行动力还不够强。

3. 整改举措

一是"内外联动"推动内部质量保障向质量文化转型。在与外部评估良好对接的同时,全面落实"学生中心、产出导向、持续改进"的教育理念,加快形成以自我评估为主、外部评估为辅的内驱型质量文化体系。完善以专业评价、课程评价、学院教学评价、教师评价、学生评价为主体的全过程多维度的教育教学质量评价与保障体系,将其作为推动学校不断前行和超越的内生动力,形成人人重视教学质量,质量标准内化于心、外化于行的良好氛围。

二是加强质量保障的制度建设。在"有法可依、有章可循"的制度遵循前提下,注重"软"性指标以及人文关怀,形成师生员工一致认可的质量意识、质量标准和质量行为规范。围绕学生成长成才和教师职业发展构建质量文化,建立健全教师评价和师生支持服务制度。更新管理和服务理念,内外结合、上下联动,在资源配置、师生评奖评优、绩效分配等方面充分体现人才培养中心地位,引导教师潜心教书、学生刻苦学习,实现将制度约束内化为行动自觉。

---

① 牛丽玲,吴伟. 新时代教育评价改革背景下高校质量文化建设的路径[J]. 上海教育评估研究,2021,10(4):1-6.

三是加强质量文化的宣传与培训。着眼人才培养质量提升,广泛开展大学质量文化教育思想大讨论,让广大师生深入理解质量文化内涵,使得质量文化内化于心、外化于行。加强质量保障体系的培训,使每一个单位、每一名教职员工进一步明确自身在学校质量保障体系中的职责,加深师生员工对质量标准的理解,树立正确的质量观,增强质量意识和荣誉感、责任感、归属感,努力实现学校质量文化建设从经验走向管理、从评估走向保障、从制度走向文化。

通过审核评估自评工作,学校全面总结了办学经验,查找了存在的问题和不足,明确了改进的方向和措施,有效推动了"五自"质量文化的形成。

参考文献

[1] 孙萍. 新建应用型本科院校内涵式发展研究[J]. 中国成人教育, 2015 (22): 16-18.

[2] 池芳. 应用型地方本科高校教育质量文化及其建设探索[J]. 武汉轻工大学学报, 2021, 40 (4): 111-116

[3] 邬大光. 高等教育：质量、质量保障与质量文化[J]. 中国高教研究, 2022 (9): 1-7.

[4] 王建华. 高等教育质量管理：文化的视角[J]. 教育研究, 2010 (2): 57-62.

[5] 何茂勋. 高校质量文化论纲[J]. 高教论坛, 2004 (3): 140-145.

[6] European University Association. Quality culture in european universities: a bottom-up approach. report on the three rounds of the quality culture project 2002-2006. Brussels: European University Association, 2006.

[7] (英)阿什比. 科技发达时代的大学教育[M]. 腾大春, 腾大生, 译. 北京：人民教育出版社, 1983.

[8] Ulf E. Understanding quality culture[J]. Quality Assurance in Education, 2009 (4): 343-363.

[9] 宋欣雄. 高等教育质量文化：独特性与解释力[J]. 教育学术月刊, 2022 (11): 18-24.

[10] 李志义，黎青青，宫文飞. 新一轮本科教育教学审核评估中的质量文化[J]. 高教发展与评估，2024，40（2）：19-29，120.

[11] 郑娜敏. 英美两国高等教育质量保证体系的探析及启示[D]. 大连：大连理工大学，2001.

[12] 教育部. 关于加快建设高水平本科教育全面提高人才培养能力的意见（教高〔2018〕2号）[A]. 2018-10-08.

[13] 陈宝生. 掀起一场高等教育"质量革命"助力打造"质量中国"——在"六卓越一拔尖"计划2.0启动大会上的讲话[EB/OL]. [2022-11-25]. https://news.hnu.edu.cn/info/1186/20853.htm

[14] 教育部. 关于深化本科教育教学改革全面提高人才培养质量的意见（教高〔2019〕6号）[A]. 2019-09-29.

[15] 罗海莹. 普及化阶段高校教育质量文化建设困境分析及应对[J]. 高教论坛，2022（7）：66-72.

[16] 何祥林. 论高校管理中的文化理念[J]. 教育研究，2009（1）：92.

[17] 赵敏. 大学管理文化的反思与创新[J]. 教育研究，2004（7）：60.

[18] 吴中江，黄成亮. 提升教学质量：从依赖制度管理到注重教学文化[J]. 黑龙江高教研究，2014（2）：59-62.

[19] 张应强，苏永建. 高等教育质量保障：反思、批判与变革[J]. 教育研究，2014（5）：19-27.

[20] 谷陟云. 高校教育质量文化研究：脉络梳理与路向展望[J]. 高教探索，2021（5）：26-33.

[21] 唐景莉，陶媛. 中小型高校：特色是制胜之宝[N]. 中国教育报，2005-07-20：3.

[22] 别敦荣，易梦春，李志义，等. 国际高等教育质量保障与评估发展趋势及其启示——基于11个国家（地区）高等教育质量[J]. 中国高教研究，2018（11）：36-44.

[23] 伍方斋. 感受哈佛——与哈佛全面接触[M]. 北京：北京出版社，2002.

[24] 黄镇海. 现代社会的质量概念[J]. 自然辩证法研究，2009（7）：33-36.

[25] HARVEY L，GREEN D. Defining quality[J]. Assessment & Evaluation in Higher Education，1993，18（1）：9-34.

[26] 约瑟夫·M·朱兰，A·布兰顿·戈弗雷，罗伯特·E·霍格斯图尔，等. 朱兰质量手册[M]. 焦叔斌，等，译. 北京：中国人民大学出版社，2003：724.

[27] EDWARD S. 全面质量教育[M]. 何瑞薇，译. 上海：华东师范大学出版社，2005.

[28] NEWBY P. Culture and quality in higher education[J]. Higher Education Policy，1999，12（3）：261-275.

[29] YORKE M. Developing a quality culture in higher education[J]. Tertiary Education and Management，2000（6）：19-36.

[30] BENDERMACHER G W G，EGBRINKM G A，WOLFHAGEN I H A P，DOLMANS D H J M. Unraveling quality culture in higher education：a realist review[J]. High Educ，2017（73）：39-60.

[31] BERINGS D. Reflection on quality culture as a substantial element of quality management in higher education[J]. Faculty of Economics & Business Miscellaneous，2009.

[32] 刘德仿. 高校质量文化及其意义[J]. 盐城工学院学报，2000（3）：41-44.

[33] 韩映雄，梁亦菡. 高等教育质量保障体系中的质量文化建设[J]. 中国高等教育评估，2006（4）：28-29，38.

[34] 刘丹平. 高校质量文化特征及建设策略[J]. 江苏高教，2010（6）：152.

[35] 高海生，王森. 论文化生态学视野下的高校质量文化建设[J]. 国家教育行政学院学报，2013（7）：15-18.

[36] JOSEPH M. JURAN，JOSEPH A. DE FEO，et al. Juran's Quality Handbook[M]. 焦叔斌，等译. 北京：中国人民大学出版社，2003.

[37] DRIES B，ZJEF B，VEERLE H，PIET V. Quality culture in higher education：from theory to practice[A]//ANDREA B，LUCIEN B，et al. Building bridges：making sense of quality assurance in european，national

and institutional contexts: a selection of papers from the 5th european quality assurance forum[C]. European University Association, 2011: 38-48.

[38] LEE H, STENSAKER B. Quality culture: understandings, boundaries and linkages[J]. European Journal of Education, 2008, 43(4): 427-442.

[39] SATTLER C, SONNTAG K, GTZEN K. The quality culture inventory (qci): an instrument assessing quality related aspects of work[M]//Advances in ergonomic design of systems, products and processes. Berlin Heidelberg: Springer, 2016: 43-56.

[40] ANETTA K. The Impact of quality culture on quality of teaching a case of business higher education in poland [A]//LUCIEN B, SANJA B, et al. Embedding quality culture in higher education, a selection of papers from the 1st european forum for quality assurance[C]. European University Association, 2007: 63-68.

[41] MUSAH M B. Investigation of malaysian higher education quality culture and workforce performance[J]. Quality Assurance in Education, 2012, 20(3): 289-309.

[42] HILMAN H, ABUBAKAR A, KALIAPPEN N. The effect of quality culture on university performance[J]. Journal of Business & Retail Management Research, 2017, 11(4): 25-33.

[43] European University Association. Developing an internal quality culture in European universities: report on the quality culture project 2002-2003[R]. Brussels: European University Association, 2005: 15-22.

[44] LYCKE L, et al. Building quality culture in higher education[J]. International Journal of Quality & Service Sciences, 2017, 9(3/4): 331-346.

[45] 冯惠敏, 郭洪瑞, 黄明东. 挪威推进高等教育质量文化建设的举措及其启示[J]. 高等教育研究, 2018(2): 102-109.

[46] 王建跃. 研究生教育质量文化建设初探[J]. 研究生教育研究, 2017(4): 51-55.

[47] 苏启敏. 学校质量文化建设的基本理念[J]. 教育科学研究, 2013 (5): 47-51.

[48] 罗儒国, 王姗姗. 高校质量文化建设的战略目标与实现路径[J]. 江苏高教, 2013 (2): 24-27.

[49] 别敦荣, 易梦春. 高等教育质量文化及其建设策略[J]. 高等教育研究, 2021, 42 (3): 7-16.

[50] 韩延明. 新时代大学质量文化探要[J]. 中国高教研究, 2022 (9): 32-37.

[51] 余承海, 曹安照. 论高校教学质量的文化保障[J]. 江苏高教, 2014 (1): 87-90.

[52] 唐大光. 高校质量文化及其培育研究[J]. 国家教育行政学院学报, 2009 (5): 23-27.

[53] 李志义, 朱泓, 刘志军, 等. 用成果导向教育理念引导高等工程教育教学改革[J]. 高等工程教育研究, 2014 (2): 29-34, 70.

[54] 李志义. 解析工程教育专业认证的成果导向理念[J]. 中国高等教育, 2014 (17): 7-10.

[55] 李志义. 适应认证要求推进工程教育教学改革[J]. 中国大学教学, 2014 (6): 9-16.

[56] 李志义, 袁德成, 汪滢, 等. "113"应用型人才培养体系改革[J]. 中国大学教学, 2018 (3): 57-61.

[57] 刘德仿. 论高校质量文化之构建[J]. 学海, 2000 (5): 172-175.

[58] 洪林, 汪福俊. 高等教育质量文化：特征与研究展望[J]. 现代教育管理, 2021 (7): 26-31.

[59] 董立平, 孙维胜. 大学质量文化的本质特征与结构剖析[J]. 当代教育科学, 2008 (13): 6-9.

[60] EUA. Quality culture in european universities: a bottom-up approach[R]. Brussels: European University Association, 2003.

[61] 安心, 张鹏. 构建内生型和外发内生型高等教育质量文化[J]. 中国高等教育, 2012 (12): 42-43.

[62] 柏昌利. 高校质量文化及其构建策略研究[J]. 中国电子教育，2008（2）：19-22.

[63] 王姗姗. 高校质量文化的内涵解析与价值诉求[J]. 高等农业教育，2015（6）：24-26.

[64] 邱文教. 教学质量文化建设探讨[J]. 教育评论，2007（5）：17-19.

[65] 刘丹平. 试论高校质量文化建设策略评价[J]. 高教论坛，2011（10）：78-81.

[66] 林健. 深入扎实推进新工科建设——新工科研究与实践项目的组织和实施[J]. 高等工程教育研究，2017（5）：18-31.

[67] 潘懋元. 高等教育大众化的教育质量观[J]. 中国高教研究，2000（1）：9-11.

[68] 沙因. 组织文化与领导力[M]. 北京：中国人民大学出版社，2011.

[69] 河连燮. 制度分析：理论与争议[M]. 北京：中国人民大学出版社，2014.

[70] 王永香，王心渝，陆卫明. 规制、规范与认知：网络协商民主制度化建构的三重维度[J]. 西安交通大学学报：社会科学版，2021（1）：117-126.

[71] VETTORI O. Examining quality culture part III：from self reflection to enhancement[J]. European University Association：Brussels，Belgium，2012（21）：12.

[72] 赵婷婷. 大学质量文化：从合格质量转向创新质量[J]. 教育研究，2023（4）：137-147.

[73] 亚当·普热沃斯基，晓健. 制度起作用吗?[J]. 经济社会体制比较，2005（3）：97-102.

[74] 斯科特. 制度与组织[M]. 北京：中国人民大学出版社，2010.

[75] 唐华生，叶怀凡. 高校质量文化建设的价值探索与路径选择[J]. 学术论坛，2007（3）：184.

[76] 骆洁嫦. 试论高校质量文化的构建[J]. 中国质量，2000（5）：19.

[77] ENQA. Standards and guidelines for quality assurance in the european higher education area 3rd edition[R]. Helsinki：European Association for Quality Assurance in Higher Education，2007：14.

[78] Berry，G. Leadership and the development of quality culture in schools[J]. International Journal of Educational Management，1997，11（2）：54.

[79] 高飞. 欧洲高校质量文化的生成要素[J]. 高教发展与评估，2015，31（05）：8-14，54，97.

[80] 梁天. 审核评估视角下高校人才培养质量持续改进机制研究[D]. 黑龙江：东北石油大学，2022.

[81] 张丹凤，曹芳，唐雪颖. 基于专业认证理念的地方师范院校人才培养方案的修订——以 M 大学生物科学专业为例[J]. 福建教育学院学报，2022，23（10）：60-62.

[82] 牛礼民，贾丰源，张国涛，等. 新形势下车辆系统建模与仿真课程的教学改革研究[J]. 大学教育，2023（18）：45-47，59.

[83] 牛丽玲，吴伟. 新时代教育评价改革背景下高校质量文化建设的路径[J]. 上海教育评估研究，2021，10（4）：1-6.